Sicher ist sicher. Bei aller Sorgfalt, die wir in der Recherche haben walten lassen, können sich Öffnungszeiten auch einmal kurzfristig ändern, oder ein Lokal ist gerade in Ihrer perfekten Salzburger Land-Woche ausgebucht oder geschlossen. Darum empfehlen wir grundsätzlich möglichst weit im Voraus zu reservieren. Ein kurzer Anruf genügt und Sie können sicher sein, zur vereinbarten Zeit einen Platz zu finden.

© Süddeutsche Zeitung GmbH, München
für die Süddeutsche Zeitung Edition
in Kooperation mit smart-travelling GbR, Berlin
Reihe „Eine perfekte Woche…"

Idee und Konzept: Nancy Bachmann, Nicola Bramigk
Redaktion: Nancy Bachmann, Nicola Bramigk, Andrea Zepp
Texte: Nancy Bachmann, Andrea Zepp
Fotos: Nancy Bachmann (S. 88/89), Katharina Gossow
(S. 14 – 17, S. 162 – 190, S. 198 – 203), Florence Haferl
Gestaltungskonzept: Verena Bettin
Gestaltung: Cindy Bachmann (S. 1 – 208), Rahel Streiff (S. 209 – 240)
Umschlaggestaltung und Illustration: Rahel Streiff

Projektmanagement: Michaela Adlwart
Projektmitarbeit: Anne Reuter
Litho: Journal Media
Herstellung: Thekla Licht, Hermann Weixler
Druck und Bindung: Kessler Druck + Medien, Bobingen

Printed in Germany
1. Auflage 2012

ISBN: 978-3-86615-961-7

SMART
TRAVELLING

EINE PERFEKTE WOCHE ...
IM SALZBURGER LAND

LIEBLINGSADRESSEN IM SALZBURGER LAND

**BERGE UND SEEN
BEZAUBERN**
Seite 12

1 Restaurant:
Gasthof Schloss Aigen
Schwarzenbergpromenade 37, 5026 Aigen
Tel: 0043 (0)662 621284
Seite 14

2 Hotel/Restaurant:
Schlosswirt zu Anif
Salzachtalbundesstraße 7, 5081 Anif
Tel: 0043 (0)6246 72175
Seite 18

3 Hotel:
Villa Trapp
Traunstraße 34, 5026 Aigen
Tel: 0043 (0)662 630860
Seite 26

4 Restaurant:
Schloss Restaurant Fuschl
Schloss Straße 19, 5322 Hof bei Salzburg
Tel: 0043 (0)6229 22531
Seite 28

5 Hotel/Restaurant:
Landhaus zu Appesbach
Au 18, 5360 Sankt Wolfgang
Tel: 0043 (0)6138 2209
Seite 32

6 Hotel/Restaurant:
Döllerer
Am Marktplatz 56, 5440 Golling
Tel: 0043 (0)6244 42200
Seite 36

7 Aktion:
Untersberg
Dr. Ödlweg 2, 5083 Gartenau
Tel: 0043 (0)6246 724770
Seite 42

BAD GASTEIN:
DER GLAMOUR KEHRT
ZURÜCK
Seite 46

8 Hotel/Restaurant:
Der Seehof
Hofmark 8, 5622 Goldegg am See
Tel: 0043 (0)6415 8137
Seite 48

9 Aktion:
Strandbad am Goldegger Moorsee
Goldegger Moorsee, 5622 Goldegg
Tel: 0043 (0)6415 810366
Seite 60

10 Hotel/Restaurant:
Haus Hirt
Kaiserhofstraße 14, 5640 Bad Gastein
Tel: 0043 (0)6434 27970
Seite 64

LIEBLINGSADRESSEN IM SALZBURGER LAND

11 Hotel/Restaurant:
Hotel Miramonte
Reitlpromenade 3, 5640 Bad Gastein
Tel: 0043 (0)6434 2577
Seite 74

12 Hotel/Restaurant:
Das Regina
K.-H.-Waggerl-Straße 5, 5640 Bad Gastein
Tel: 0043 (0)6434 21610
Seite 80

13 Hotel/Restaurant:
Villa Solitude
K.-Franz-Josef-Straße 16, 5640 Bad Gastein
Tel: 0043 (0)6434 5101
Seite 90

14 Restaurant:
Bellevue Alm
Bellevue-Alm-Weg 6, 5640 Bad Gastein
Tel: 0043 (0)6434 3881
Seite 98

15 Café:
Café Gamskar
Gamskarstraße 15, 5640 Bad Gastein
Tel: 0043 (0)6434 2042
Seite 102

16 Restaurant:
Unterbergerwirt
Unterberg 110, 5632 Dorfgastein
Tel: 0043 (0)6433 70770
Seite 108

 **17** Aktion:
Sportgastein
Seite 110

 DER PINZGAU:
DIE NATUR BRÜLLT
Seite 122

 **18** Hotel/Restaurant:
Taxhof
Hundsdorf 15, 5671 Bruck
Tel: 0043 (0)6545 6261
Seite 124

 **19** Hotel/Restaurant:
Steinerwirt 1493
Dreifaltigkeitsgasse 2, 5700 Zell am See
Tel: 0043 (0)6542 72502
Seite 132

 **20** Hotel/Restaurant:
Mayer's Restaurant
Hofmannsthalstr. 10, 5700 Zell am See
Tel: 0043 (0) 6542 729110
Seite 140

 **21** Hotel/Restaurant:
Huwi's Alm
Sonnberg 22, 5771 Leogang
Tel: 0043 (0)664 1800800
Seite 144

22 Aktion:
Herzog Destillate
Breitenbergham 5, 5760 Saalfelden
Tel: 0043 (0)6582 75707
Seite 150

23 Hotel/Restaurant:
Schwaigerlehen
Schwaigerlehen 14, 5724 Stuhlfelden
Tel: 0043 (0)6562 5118
Seite 156

SALZBURG VERZAUBERT
Seite 162

24 Hotel/Restaurant:
Arthotel Blaue Gans
Getreidegasse 41–43, 5020 Salzburg
Tel: 0043 (0)662 8424910
Seite 164

25 Restaurant:
Magazin
Augustinergasse 13, 5020 Salzburg
Tel: 0043 (0)662 8415840
Seite 170

26 Restaurant:
M32
Mönchsberg 32, 5020 Salzburg
Tel: 0043 (0)662 841000
Seite 176

27 Café:
Café Bazar
Schwarzstraße 3, 5020 Salzburg
Tel: 0043 (0)662 874278
Seite 184

28 Café:
Konditorei Ratzka
Imbergstraße 45, 5020 Salzburg
Tel: 0043 (0)662 640024
Seite 192

29 Bar:
Gastlokal Fridrich
Steingasse 15, 5020 Salzburg
Tel: 0043 (0)662 876218
Seite 200

30 Aktion:
Grünmarkt
Universitätsplatz, 5020 Salzburg
Seite 204

GUT ZU WISSEN
Tipps, Ausflüge, Spaziergänge
Seite 209 – 240

EINE REGION MIT KAISER-APPEAL

Sie planen einen Aufenthalt in der Freizeit-Komfortzone, wissen aber noch nicht genau, wonach Ihnen exakt zumute ist? Im Salzburger Land bekommen Sie fast alle Urlaubstypen unter einen anspruchsvollen Hut: ob Kultur oder Kur, Bildung oder Sport, Pilgern oder Radeln, Wandern oder Wellnessen.
Die Kombinationen auf höchstem Niveau sind wirklich einzigartig. Lassen Sie sich von den kulturellen Angeboten der geschichtsträchtigen Mozartstadt inspirieren, erkunden Sie die alpine Umgebung mit moosbedeckten, sanften Hügeln und schneeverwöhnten Gletschern, staunen Sie über die Eindrücke im Nationalpark Hohe Tauern, spüren Sie in Salzburgs Sonnenterrasse in Goldegg die Heilkraft eines wohlig warmen Moorsees, thermalbaden Sie in Bad Gasteins mondänen Kuranlagen der Belle Époque, tanken Sie Energie am (hin-)reißenden Wasserfall und wundern Sie sich über das internationale Flair der verjüngten Hotelszene! Sie müssen sich auch nicht zwischen dem traditionellen, zentral gelegenen Stadthotel, dem komfortablen Berghotel in spektakulärer Hanglage oder dem charmanten See-Hide-Away entscheiden. Der Mix macht's. Worauf Sie sich verlassen können, sind pralle Natur, kristallklare Luft, majestätische Alpenpanoramen und köstlichste Küchen. Ob nach traditionellen Rezepten am offenen Feuer oder uminspiriert durch einen modernen Bio- oder Molekular-Geist: Es wimmelt von ausgezeichneten Köchen und den besten Zutaten, die Mutter Erde hervorbringt. Doch schon ein schlichtes Almbutter-Brot zu frischer Buttermilch, serviert auf einer rustikalen Almhütte, lässt einen nicht nur wieder im Einklang der Natur ticken, sondern verbreitet tiefste Zufriedenheit.

BERGE UND SEEN BEZAUBERN

Denken Sie an Farbkarten in Malereibetrieben, wählen Sie die Farbe Grün und staunen Sie über die scheinbar unzähligen vielen Nuancen eines einzigen Farbtons. Ähnlich umfassend präsentiert sich das saftig grüne Umland Salzburgs in drei Jahreszeiten, bevor der Schnee im Winter die sanften Hügel und steilen Berge wie mit Deckweiß großflächig übermalt. Landschaftlich hat das Salzburger Umland für Sommerfrische und Wintersport extrem viel zu bieten: seinen Anteil am Hochgebirge im Süden sowie am Alpenvorland im Norden, die bekannten Seen, wie Mond-, Fuschl- und Wolfgangssee, mit ihrem kristallklaren Wasser und die unzähligen Wälder und Wiesen. Eine zeitlos sportliche Plattform, die Mutter Natur für die Ewigkeit und für sämtliche Zielgruppen gestaltete. Ob Sie golfen oder eine ruhige Kugel schieben wollen, sportlich schwimmen oder thermalbaden, an steilen Hängen klettern oder wandern, mountainbiken oder Fahrrad fahren, Ski laufen oder snowboarden, trainieren oder wellnessen – hier finden Sie optimale Bedingungen. Hinzu kommt Kulturelles, zahlreiche Burgen und Schlösser haben viel Geschichtliches zu erzählen. Die fünf Salzburger Regionen enden auf Gau und heißen Flachgau, Tennengau, Pinzgau, Pongau und Lungau. Pongau und Pinzgau schreiben wir Ihnen besonders ans Herz.

SCHLOSS AIGEN

GASTHOF SCHLOSS AIGEN

Die Küche des Gasthofs Schloss Aigen ist berühmt für ihre Rindfleischspezialitäten. Die Rindssuppe mit einem Einlagenpotpourri aus Grießnockerln, Frittaten und Leberknödeln ist ein Klassiker des Hauses und mit der „Wiener Melange", die hier nichts mit Kaffee zu tun hat, können Sie sich von der Schulter bis zum Scherzel gleich durch drei verschiedene Rindfleischsorten kosten. Alles in Bioqualität vom Pinzgauer Naturrind – und wirklich besonders: Von allem gibt es auf Wunsch einen Nachschlag. Für weniger große Fleischliebhaber steht Köstliches aus Salzburger Gewässern und Gärten auf der Speisekarte – und dazu können Sie aus mehr als 90 österreichischen Weinen wählen. Lassen Sie jedoch unbedingt noch etwas Platz für die Nachspeisen, die vom Himbeertopfenschmarrn bis zum Feigensorbet genauso einzigartig wie köstlich sind. Der Gasthof, der in ländlicher Idylle zwischen Schloss und Kirche liegt, ist vor allem bei Einheimischen beliebt. Von der Familie Forstner lassen Sie sich vorzugsweise sonntags kulinarisch verwöhnen – entweder vorm Kachelofen in der gemütlichen Stube oder unter Schatten spendenden Kastanienbäumen im Gastgarten.
Tipp: Lassen Sie es sich nicht entgehen, den wunderschönen Weg zum Schloss in Ruhe zu genießen. Wenn Sie mit dem Taxi kommen, steigen Sie am Anfang der Allee aus und gehen Sie die letzten Meter zu Fuß.

1 Gasthof Schloss Aigen Adresse: Schwarzenbergpromenade 37, 5026 Aigen
Tel: 0043 (0)662 621284 Internet: www.schloss-aigen.at Öffnungszeiten:
Donnerstag 18.00 – 22.00 Uhr, Freitag – Montag 12.00 – 14.00 Uhr und
18.00 – 22.00 Uhr, Sonntag durchgehend

SCHLOSSWIRT ZU ANIF

Freuen Sie sich auf eine köstliche Küche und eine durchweg behagliche Atmosphäre in den liebevoll restaurierten Räumlichkeiten: ob im stilechten
Biedermeiersaal, in der rustikalen Jagdstube oder im geschmackvoll möblierten Gastgarten unter alten Kastanien – im Schlosswirt zu Anif spürt man
den Geist und die Professionalität eines herzlichen Familienunternehmens,
man fühlt sich direkt wie zu Hause. Ein idealer Platz, um nach einem Kultur-
oder Shopping-Tag in Salzburg Ruhe und Behaglichkeit zu genießen. Zu Otto
Wallners traditioneller Küche gehören Rindfleisch- und Wildspezialitäten,
aber auch leichtes, frisches Saisonales, wie Spargel, oder auch deftige
Hausmannskost. Wir können Ihnen die Wildgerichte, wie zum Beispiel Hirsch
– aus eigener Jagd – mit frischen Pfifferlingen und Selleriegemüse und das
Backhendl mit Kartoffeln und Feldsalat, empfehlen. Nicht nur während der
Salzburger Festspiele begegnet man hier der lokalen Prominenz. Aber die
unkomplizierte Herzlichkeit der Inhaberin Frau Grassner macht auch vor
Nicht-Promis keinen Halt. Irgendwie scheint hier die Welt noch so herrlich in
Ordnung zu sein.

2 Schlosswirt zu Anif Adresse: Salzachtalbundesstraße 7, 5081 Anif
Tel: 0043 (0)6246 72175 Internet: www.schlosswirt-anif.at
Öffnungszeiten: Dienstag – Samstag 7.00 – 14.00 Uhr und 18.00 – 22.00 Uhr,
während der Sommerfestspielzeit täglich geöffnet

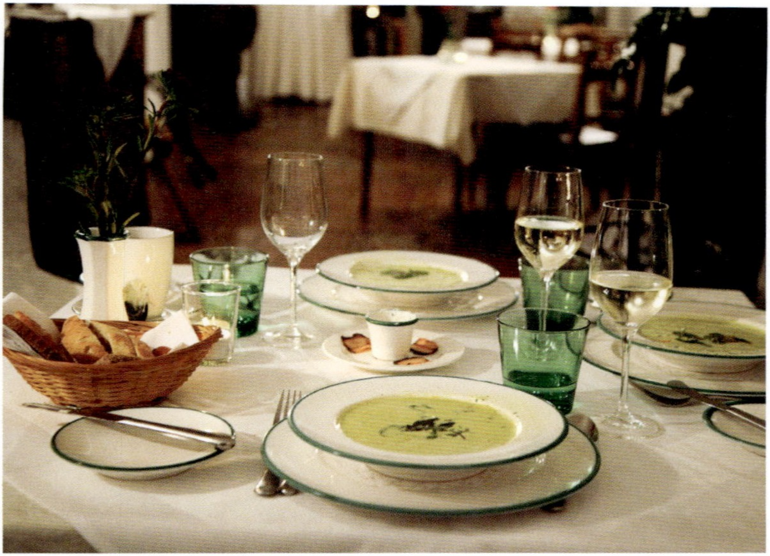

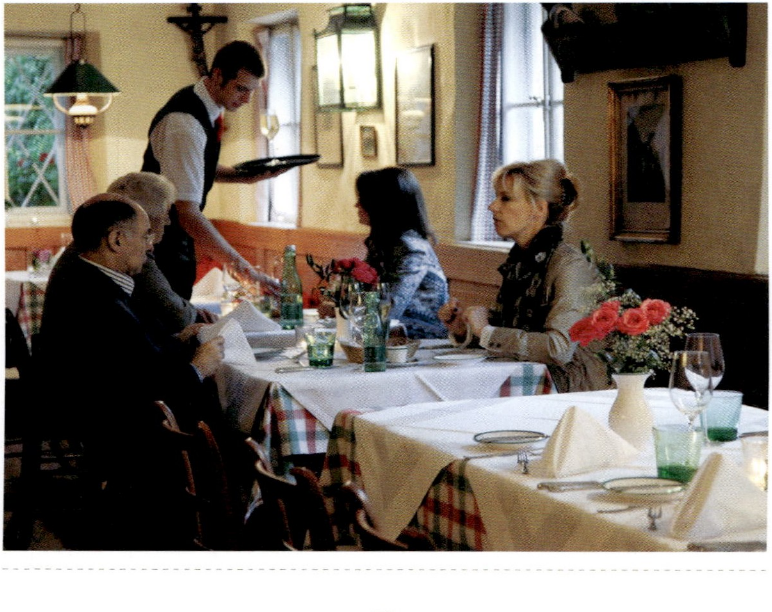

☞ Geschmackvolle Zimmer

Sie suchen ein ruhiges Zimmer in der Nähe der Mozartstadt Salzburg und hätten als Nachbargebäude gern ein Schloss? Kein Problem – direkt neben dem neogotischen Schloss in Anif erwarten Sie im Schlosswirt zu Anif liebevoll restaurierte Hotelzimmer. Die charmanten Räumlichkeiten sind mit antiken Biedermeiermöbeln behaglich und individuell eingerichtet. Jedes präsentiert sich mit dezent farbig getünchten Wänden. Die darauf harmonisch abgestimmten Stoffe bis hin zu textilgefütterten Schränken und Schubladen geben dem Gast ein absolut individuelles Wohngefühl, so als sei man zu Gast auf einem privaten Anwesen.

Das alte Bauernstübl mit seinen rustikalen Holzwänden ist einzigartig gemütlich und deshalb oft ausgebucht. Ein Juwel und die passende Location um sich zunächst von der Muse küssen zu lassen, im Theater oder Museum, auf der Festung Hohensalzburg oder anlässlich der Mozartwochen und der Salzburger Festspiele. Anschließend kann man sich dann – hoffentlich nicht von „Jedermann" – in den Schlaf küssen lassen.

Preise: DZ ab 128 Euro inkl. Frühstück

VILLA TRAPP

Wer gern stilvoll in einem herrschaftlichen Haus mit bewegter Geschichte übernachtet, das zentral in der Nähe des historischen Kerns der Stadt Salzburg liegt und dennoch idyllisch mitten im größten Privatpark Salzburgs, findet in der Villa Trapp die ideale Unterkunft. Sie können in den exklusiv möblierten Original-Zimmern der Familie wohnen, die von 1923 bis 1938 in der großbürgerlichen Villa residierte. Ihr bewegtes Leben in Salzburg avancierte als „The Sound of Music" zum meistgesehenen Broadway Musical aller Zeiten, dessen Verfilmung mit fünf Oscars prämiert wurde. Die stimmgewaltige Familie gewann in einer scheinbar aussichtslosen finanziellen Situation einen Sängerwettbewerb und wurde anschließend von Priester Franz Wasner 1936 zur Gründung des Trapp Familien-Chores ermutigt. 1938 brachen die erfolgreichen Trapps zu einer europaweiten Konzertreise auf, danach wanderten sie als Gegner Adolf Hitlers in die USA aus. Die Villa wurde zwei Jahre später vom NS-Regime beschlagnahmt. Heinrich Himmler, Chef der SS und ein Hauptverantwortlicher für den Holocaust, richtete sich in den oberen Räumen sein Privatquartier ein. Seit 2008 erblüht die Villa wieder im ursprünglichen Trapp-Charme.

---

3 Villa Trapp Adresse: Traunstraße 34, 5026 Aigen
Tel: 0043 (0)662 630860 Internet: www.villa-trapp.com
Preise: DZ ab 69 Euro inkl. Frühstück

SCHLOSS RESTAURANT FUSCHL

Es gibt Plätze, von denen man sich wünscht, sie würden sich niemals verändern, sondern perfekt in ewiger Schön- und Schlichtheit verharren. Immer wieder möchte man hier seinen frischen Fisch am Ufer des atemberaubend schönen Fuschlsees zu sich nehmen und das momentane Glück der Wunschlosigkeit genießen. Wenn Sie um die Mittagszeit kommen, können Sie eine Forelle und einen zart hummerfarbenen Saibling, die absolute Spezialität der Fuschlseeregion, warm aus dem Räucherofen genießen. Wir empfehlen einen Spaziergang um den See. In gut drei Stunden hat man die elf Kilometer geschafft. Nach dieser eindrucksvollen Seeumrundung schmeckt der Fisch besonders gut. Schon früher diente der 265 Hektar große und bis zu 70 Meter tiefe Fuschlsee im Salzkammergut als Fischlieferant für die Salzburger Erzbischöfe. Heute profitieren Hotels und Restaurants der Gegend von dem Fischreichtum.

Dass das Auge mitisst, ist ja bekannt, aber hier wirkt die idyllische Kulisse des turmalinfarbenen Sees in jedem Licht und bei jedem Wetter wie ein Geschmacksverstärker aus dem Romantik-Regal.

4 Schloss Restaurant Fuschl Adresse: Schloss Straße 19, 5322 Hof bei Salzburg
Tel: 0043 (0)6229 22531 Internet: www.schlossfuschlsalzburg.com
Öffnungszeiten: Oktober – April Montag – Freitag 8.00 – 18.00 Uhr,
Januar – März Montag geschlossen, Mai – September Montag – Freitag
8.00 – 18.00 Uhr, Samstag 8.00 – 12.00 Uhr

☞ Fuschlsee

Der grünliche schimmernde Fuschlsee erinnert an die Farben wertvoller Halb-
edel- und Edelsteine, wie Turmaline, Smaragde und Türkise. Aber nicht nur
seine Schönheit ist legendär, sondern auch seine erstklassige Wasserqualität,
bedingt durch die zahlreichen Zuflüsse aus den Bergquellen der hohen Gipfel ringsherum. Er gilt als einer der reinsten Badeseen Österreichs. Zu seinen
Fischarten zählen: Seeforelle, Seesaibling, Bachforelle, Reinanke, Renke,
Maräne, Hecht, Schleie, Karpfen, Aal, Barsch, Seelaube, Döbel/Aitel, Rotau-
ge und Rotfeder, die allesamt vom 1. April bis 30. November geangelt werden
können. Der in einem stillen Seitental verborgene Hintersee gilt bisher noch
als Geheimtipp.

LANDHAUS ZU APPESBACH

Für seine große Liebe Wallis Simpson verzichtete Eduard VIII., späterer Herzog von Windsor, auf den britischen Thron und dankte 1936 ab. Der Mann war offensichtlich kompromisslos und wusste, was er wollte. Am Wolfgangsee wählte er das Landhaus zu Appesbach als Lieblingsdomizil. Knirschender Kies und efeuumrankte Fassaden verströmen ebenso wie das gesamte Interieur seit 1912 britischen Aristokratie-Charme. Großzügig mit Antiquitäten dekoriert wohnen Sie in privater Atmosphäre weit ab vom Tourismustrubel. Das kann leicht dazu verführen, das Anwesen erst gar nicht mehr zu verlassen. Im Sommer ist es der parkähnliche Garten, der zum Ausruhen einlädt. Schon der Genuss eines frisch gebackenen Marillen-Flecks vom Blech auf der Terrasse mit Seeblick erzeugt ein hochherrschaftliches Gefühl. Richtig königlich wird es in der Windsor Suite mit Römischem Bad und Marmorbecken, weißen Schleiflackschränken und dramatisch eleganten Originalbetten. Doch Achtung: Es kann passieren, dass Sie sich von der englischen Lebensart oder von den charmanten Schwarz-Weiß-Fotos des Hochadels so inspiriert fühlen, dass Sie den stilvollen Briten in sich entdecken und ihm freien Lauf lassen. Wie das aussieht? Ganz einfach: anstatt im Outdoor-Fleece-Look nordisch zu walken – cosy relaxed in Tweed und Kaschmir einen Afternoon Tea schlürfen. Well.

5 Landhaus zu Appesbach Adresse: Au 18, 5360 Sankt Wolfgang im Salzkammergut Tel: 0043 (0)6138 2209
Preise: DZ ab 140 Euro inkl. Frühstück, HP ab 180 Euro

DÖLLERER

DÖLLERER

Die neue, besondere Qualität dieses drei Hauben-Genießer-Restaurants ist komplex, tarnt sich hinter historischer Fassade und erscheint als erfrischender sowie überraschender Kontrast zu den bodenständigen Räumlichkeiten. Das betrifft Speisen und Koch gleichermaßen. Der junge Salzburger Andreas Döllerer gilt als einer der interessantesten Köche des Landes und wurde vom Gault Millau für seine „Cuisine Alpine" zum Koch des Jahres 2010 gewählt. Was er auf die Teller bringt ist leicht, geschmacklich sehr intensiv, klar komponiert und ideenreich. So wie zum Beispiel der Saibling mit Gurkenschnee und Sojaschäumchen, ein Hauptgang, der im wahrsten Wortsinn auf der Zunge zergeht, garantiert nicht im Magen liegt oder am nächsten Tag die Hüften ziert. Der kreative Könner verarbeitet nur Spitzenprodukte in seiner Küche, vorzugsweise aus der Region. Forelle, Saibling und Waller Alpenlachs kommen nachmittags fangfrisch aus dem nahe gelegenen Bluntautal und landen wenig später äußerst raffiniert zubereitet auf Ihrer Gabel. Dazu genießen Sie erlesenste Weine oder köstlichste Säfte, wie den Wachauer Marillennektar. Der einzige Wunsch, der beim Herausgehen offen bleibt, ist der, möglichst bald wiederzukommen.

6 Döllerer Adresse: Am Marktplatz 56, 5440 Golling
Tel: 0043 (0)6244 42200 Internet: www.doellerer.at
Öffnungszeiten: Dienstag – Samstag 12.00 – 13.30 Uhr und 18.00 – 21.30 Uhr,
im August auch sonntags geöffnet

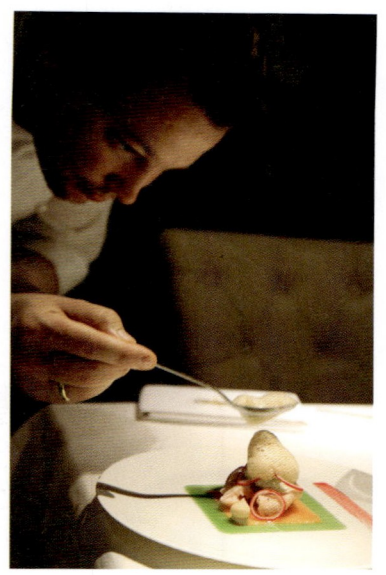

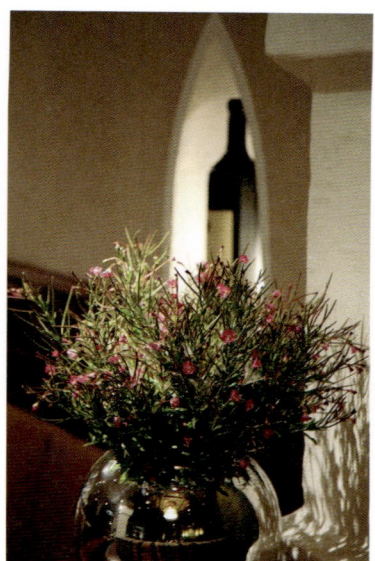

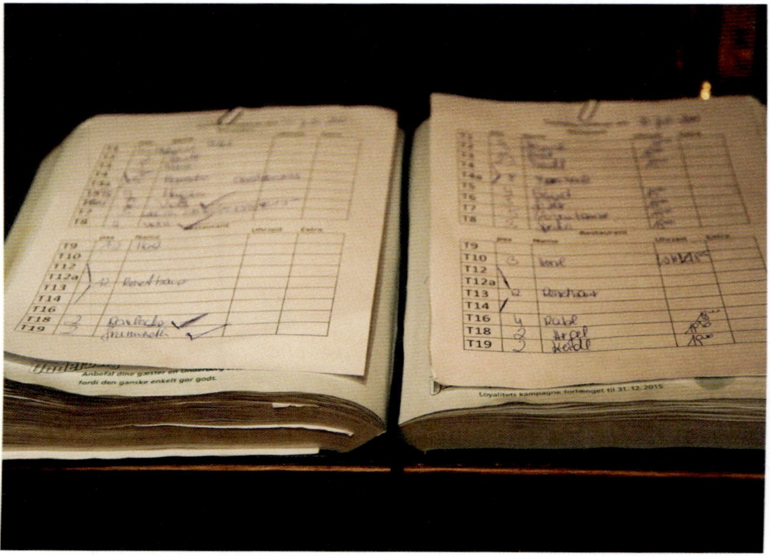
T9
T10
T12
T12a
T13
T14
T16
T18
T19
fordi den ganske enkelt gør godt.
Loyalitets kampagne forlænget til 31.12.2015

☞ Metzgerei und Feinkost

Manchmal möchte man ein „Stück Genuss" mit nach Hause nehmen, um so zum Beispiel die Haltbarkeit von Urlaubsgefühlen zu verlängern. Im Döllerer klappt das besonders gut: Lassen Sie sich in der hauseigenen Metzgerei Fleisch-, Wurst-, Schinken- oder Käsespezialitäten aus der Region einfach einpacken. Zu den Highlights gehören die feine Salzburger Bratwurst und die Rehbratwürstel, deren zartes Fleisch von Tieren aus dem Nationalpark Hohe Tauern stammt. Ebenso der köstliche, dunkle Hirschschinken mit Rosmarin. Hausgäste des Döllerers haben es gut: Sie können für ihr Frühstück aus dem umfangreichen Sortiment der Metzgerei ihre bevorzugten Lieblingsprodukte jeden Morgen neu wählen. Eine tolle Idee!

Öffnungszeiten: Montag – Donnerstag 8.00 – 12.00 Uhr und
14.30 – 18.00 Uhr, Freitag 8.00 – 12.30 Uhr und 14.30 – 18.00 Uhr,
Samstag 7.30 – 12.00 Uhr

☞ Genießerhotel Döllerer

Wenn Sie 25 km von Salzburg entfernt wandernd die üppigen Naturlandschaften in Golling erkunden wollen, wie zum Beispiel das schöne Bluntautal oder den Gollinger Wasserfall, ist das Genießerhotel Döllerer eine sehr gute Wahl. Zentral im Ort gelegen verbindet es Tradition mit legerer Gastfreundschaft. Im Anschluss an ausgedehnte Naturerlebnisse können Sie sich von der raffinierten Küche des mehrfach ausgezeichneten Inhabers Andreas Döllerer verwöhnen lassen und edle Tropfen bis zur Bettschwere genießen. Schon allein das Feinkostfrühstück mit Spezialitäten aus der hauseigenen Metzgerei ist eine Übernachtung wert.

Tel: 0043 (0)6244 42200
Preise: DZ ab 110 Euro pro Person inkl. Frühstück

UNTERSBERG

Mit seiner Höhe von 1700 Metern ist der Untersberg der nördlichste Ausläufer der Berchtesgadener Alpen und ragt mit seinem markanten Profil weit ins Salzburger Land. Nicht nur der Blick auf Salzburg ist sagenhaft. Der überwiegend aus Kalkstein bestehende Berg wird auch als „Wunderberg", „magischer Berg", „heiliger Berg" sowie „Berg des Lichts" bezeichnet. Der Dalai Lama erhob ihn 1992 sogar zum „Herzchakra Europas". In der Geomantie spricht man von einem Erdenergienetz, das an sogenannten Kraftorten besondere Energie spürbar werden lässt. Auch die vielen Heilquellen des Untersbergs sind charakteristisch für seine Heilkräfte. Die Tatsache, dass er von gigantisch großen, unerforschten Höhlensystemen durchzogen ist, führte zu unzähligen Märchen und Mythen. Jährlich werden Wallfahrten abgehalten, wie zum Beispiel am 14. August anlässlich Maria Himmelfahrt bzw. der Kräuterweihe, deren Start und Ziel die Marienwallfahrtskirche Großmain ist. Direkt daneben liegt der Marien-Heilgarten, der zu den Kraftzentren der Region gehört. Dortige Aufenthalte und auch das heilkräftige Wasser bewirkten unzählige Heilerfolge. Spüren Sie die Magie des Untersbergs – die Seilbahn bringt Sie in nur 10 Minuten auf das hochalpine Gelände, das zu jeder Jahreszeit mit seinen Reizen lockt. Allein die Auffahrt ist atemberaubend.

7 Untersbergbahn Talstation Adresse: Dr. Ödlweg 2, 5083 Gartenau
Tel: 0043 (0)6246 724770 Internet: www.untersbergbahn.at
Betriebszeiten: 16. April – 26. Oktober 8.30 – 17.00 Uhr,
17. Dezember – 28. Februar 9.00 – 16.00 Uhr
Abfahrt Bergbahn alle 30 Minuten zur vollen und halben Stunde

☞ Zeppenzauerhaus

Bewegung und dünne Bergluft machen bekanntlich hungrig, erst recht, wenn es einen nach dem Besuch in der Eishöhle auch noch zusätzlich fröstelt. Die hausgemachte Kaspressknödel-Suppe oder die Gröstl mit Spiegelei und Kraut-salat im Zeppezauerhaus zaubern die Lebensgeister wieder herbei. Die Hütte ist mit der authentischen Ausstattung der Gaststube ein Original, dank des im-posanten Panoramablicks wird sie es auch bleiben. Wer den Anstieg auf den Dopplersteig und Reitsteig plant, kann hier gut verschnaufen. Aber auch für al-pine Greenhorns ist die Nähe zur Seilbahn – circa 20 Fußminuten – ein starkes Argument. Seitdem die Kletterszene den Untersberg für sich wiederentdeckt hat, weht hier ein neuer Wind: frischer und jünger.

Adresse: Am Untersberg, 5082 Grödig
Tel: 0043 (0)662 629862, Internet: www.zeppezauerhaus.at
Öffnungszeiten: Mai – Oktober

BAD GASTEIN:
DER GLAMOUR KEHRT ZURÜCK

Sie suchen einen Kurort mit imperialem Flair, heilenden Thermen, bunt blühenden Almwiesen und alpinem Charme, der eine Renaissance erlebt? Kommen Sie nach Bad Gastein! Die Zeit der Nerze, Brillantgeschmeide und Krokotaschen ist passé, was bleibt, ist die mondäne Belle-Époque-Architektur mit ihren Grand Hotels. Genau diese lockt urbane Ästheten wieder an, weil junge Hoteliers ins alte Gemäuer investieren: kein Latexanstrich aus dem Baumarkt, sondern Bio-Farben aus London, urbane Lässigkeit kombiniert mit internationalem Design, großbürgerlichem Stil und zeitgemäßer Gemütlichkeit. Das ist das neue Profil einer alten Kur-Diva, zu dem die Sechzigerjahre-Ufoarchitektur des Architekten Gerhard Gastenauer besser passt als jemals zuvor. Lassen Sie sich vom morbiden Charme, den grandiosen Bergpanoramen, wildromantischen Tälern, magischen Kraftorten und dem stürmischen Wasserfall faszinieren. Die kristallklare Bergluft, der radonhaltige Stollen und die heilende Energie des Gasteiner Thermalwassers stärken Körper und Seele, wie schon Reichskanzler Bismarck und Kaiser Wilhelm II. spüren konnten. Das prächtige Gasteinertal profitierte schon früh vom Goldabbau und gehört zur Region Pongau, die sich erst durch den Skitourismus zu den reichsten Regionen Österreichs entwickelte. Doch auch im Sommer kann man sich hier prächtig erholen, ob bei kontemplativen Spaziergängen durch den Nationalpark Hohe Tauern oder sportlicher beim Paragleiten, Tennis, Wandern, Klettern, Bogenschießen oder Sommerrodeln.

DER SEEHOF

DER SEEHOF

Weniger das Gefühl einer temporären Unterkunft als vielmehr das einer behaglichen Ankunft ergreift den Eincheckenden auf Anhieb. Hier finden Sie optimale Erholungsbedingungen: die sensationelle Lage direkt an einem Moorsee, eine großzügige Terrasse, auf der man unter Kastanienbäumen einen betörenden Postkartenblick auf eine wunderschöne Wiesen-, See- und Berg-Idylle genießt, die Atmosphäre eines historischen Hauses fern jeglichen Alpenbarocks. Mit leichten Stoffen und fröhlichen Farben gelingt die Verbindung von Tradition und Lässigkeit für eine urbane Generation, die sich hier auf die Natur zurückbesinnen kann – ohne Kitsch, Folklore und inszeniertes Freizeit-Tamtam. Je nach Saison liegen Aktivitäten in freier Natur nahe, wie Golfen, Wandern, im Moorsee Schwimmen, Langlaufen, Skifahren und Eislaufen. Dazu bietet Sepp Schellhorns Haubenküche alles, was selbst anspruchsvolle Erwartungen noch übertrifft – vom Frühstücksbuffet mit regionalen Produkten bis zum abendlichen 5-Gänge-Menü à la carte. Vor dem knisternden Kamin sitzen, es Anneliese und Hermann, zwei lieben Haushunden in wilder Ehe, gleich tun und einfach mal gesellig genießend die Zeit verstreichen lassen. Einfach herrlich, im Glück angekommen zu sein!

8 Der Seehof Adresse: Hofmark 8, 5622 Goldegg am See
Tel: 0043 (0)6415 8137 Internet: www.seehof-goldegg.at
Preise: DZ 70 – 165 Euro pro Person inkl. Frühstück

Ein Gespräch mit Susi Schellhorn

Inhaberin des Seehofes

Sie führen den Seehof gemeinsam mit Ihrem Mann in fünfter Generation, was liegt Ihnen besonders am Herzen?

Dass sich unser Haus eher anfühlt wie ein offenes Haus für Freunde, mit einer herzlichen, ungezwungenen Gastfreundschaft und einer subtilen Professionalität – ohne steife Hotelatmosphäre.

Das ist Ihnen perfekt gelungen, aber wie stellt man das konkret her?

Es gibt hier keine Limits: Gäste können ihre Freiheiten leben, wenn sie mögen, gibt es auch noch um 15 Uhr ein Frühstück. Wenn Ihnen danach ist, morgens mal im Bett zwei Stunden gemütlich zu lesen, ohne auf die Uhr zu sehen, dann fängt doch da schon die Entspannung an.

Ihre Küche wird seit über einem Jahrzehnt vom Guide Gault Millau mit 15 Punkten ausgezeichnet. Welchen Charakter hat sie?

Mediterran mit österreichischer Bodenhaftung: Dazu zählen Krebse aus dem Goldegger See, Steinpilze, Bauernhendl, Lammrücken oder auch Innereien, wie gebratene Lammleber, gebackener Kalbsbries, geröstetes Kalbshirn und glacierte Kalbsleber. Das Restaurant ist unsere Kernkompetenz. Wir bieten übrigens auch Kochkurse an mit dem Sepp.

Andere Hotels investieren in riesige Wellness-Abteilungen. Sie nicht?

(lacht) Unsere Wellness-Abteilung ist die Natur! Und ich bin sozusagen ja auch eine Art Animateurin, aber eine, die einfach animiert, indem sie es vormacht, wie zum Beispiel einfach mal im Regen spazieren zu gehen. Dann bekommen die Gäste automatisch auch Lust dazu. Es wäre doch auch total albern, hier Moorpackungen aus dem Kosmetiktiegel anzubieten, wenn wir das Moor frisch vor der Tür haben.

Spinatknödel

Für 4 Personen

Zwiebel und Knoblauch in Butter anschwitzen, die Milch dazugießen und kurz aufkochen lassen. Danach die Mischung über die Weißbrotwürfel gießen, den Spinat und die Eier dazugeben, mit Salz, Pfeffer, Muskat und Kümmel würzen und gut durchmischen. Die Masse zu tennisballgroßen Knödeln formen.

Einen Topf mit gesalzenem Wasser füllen und aufkochen lassen. Die Knödel in das kochende Wasser geben und circa 10 Minuten kochen lassen.

Mit brauner Butter und Parmesan servieren.

400 g gehackter blanchierter Spinat
1 Zwiebel
1 Knoblauchzehe
200 g (altes) Weißbrot, in Würfel geschnitten
250 ml Milch
2 Eier
Salz, Pfeffer, Muskat und gemahlener Kümmel
Butter
Parmesan

Tipp: Am besten einen „Probeknödel" kochen, um zu sehen, ob die Masse fest genug ist. Falls nicht, kann man Brotbrösel oder Mehl dazugeben.

☞ Hofmark(t) 44

Eine Möglichkeit Ihr Urlaubs-Wohlgefühl am heimischen Frühstückstisch herzustellen, ist es, eine der selbstgemachten Marmeladen aus dem Seehof mit nach Hause zu nehmen. Der leicht säuerliche Geschmack der Reneklo-den hat es uns besonders angetan. Diese Marmelade schmeckt auch – mal als Exot – zum Fleischfondue! Sie finden sie neben vielen anderen Sorten in-mitten gefilzter Textilien und geschmackvoller Accessoires für Hundeliebha-ber – das muss kein Widerspruch sein –, wie zum Beispiel Lampen und Kissen mit Mops-Gesichtern von Hotelhund Hermann Schellhorn.
Das kleine Geschäft ist mit viel Liebe und originellen Mitbringseln ausgestat-tet. Es liegt in herrlich nostalgischer Nachbarschaft direkt schräg gegenüber vom Eingang des Seehofs.

STRANDBAD AM GOLDEGGER MOORSEE

Vermissen wir nicht ab und zu alle „den Sommer, wie er früher einmal war"? Das kann sich natürlich ganz individuell auf vieles beziehen, aber sollte sich Ihre sentimentale Sehnsucht in Richtung idyllisches Strandbad bewegen, ohne gigantisch große Erlebnisrutschen, ohne Chlor-und Altöl-Imbiss-Gerüche und ohne Eintrittspreise, die anmuten, als habe man vor, die Anlage zu kaufen? Dann empfehlen wir Ihnen das äußerst idyllische Freibad am Goldegger Moorsee in der Gemeinde Goldegg. Hier können Sie sich auf einer saftig grünen Liegewiese behaglich ausbreiten oder einen Sprung vom schlichten Sprungturm wagen. Sie tauchen hier in einen bis zu 27 Grad warmen Moorsee ein, an dessen Ufer das Freibad sich in begehrenswerter Zeitlosigkeit sonnt. Davon abgesehen scheint sich die Schönheit der Umgebung auf der Oberfläche des Moorsees nicht nur zu spiegeln, sondern zu potenzieren. Hier vergisst man in bester Bedeutung die Zeit, oder man möchte sie festhalten, weil ihr entspanntes Verstreichen so kostbar zu sein scheint. Die umgebende Urlaubsregion nennt sich Salzburger Sonnenterrasse und liegt im Pongau. Selbst in den großen Ferien findet man hier noch erholsame Ruhe. Einfach himmlisch!

9 Strandbad am Goldegger Moorsee Adresse: Goldegger Moorsee, 5622 Goldegg Tel: 0043 (0)6415 810366 Öffnungszeiten: Ab Mitte Mai täglich 9.00 – 19.00 Uhr

☞ Magisches Moor

Sie möchten eine samtweiche Haut in zwei Tagen bekommen, ohne die Kosmetikindustrie zu bemühen? Ganz einfach: Schwimmen Sie genüsslich im Goldegger Moorsee, machen Sie eine Pause auf der Insel, schöpfen Sie frisches Moor mit beiden Händen aus dem Boden und verteilen Sie es großzügig auf Ihrem Körper. Der sofortige Vitalisierungseffekt ist enorm.

Schon der Mediziner Paracelsus erforschte die heilende Wirkung des Moorwassers und nannte sie die „Quinta essentia", die Quintessenz. Wertvolle Inhaltsstoffe, wie Huminsäure, Spurenelemente, Kieselsäuren und ätherische Öle, bildeten sich über Jahrtausende hinweg durch Heilkräuter, Pollen und Blüten. Baden im Moor entschlackt und entwässert den Köper, Nerven, Kreislauf und Immunabwehr werden gestärkt. Man fühlt sich nach einem Bad rundum leichter, so als lege sich die Kraft des Sees wie eine Wohlfühl-Packung auch auf das Gemüt.

HAUS HIRT

HAUS HIRT

Als Gast des Hauses Hirt rückt man dem Himmel wahrhaftig ein Stückchen näher. Das liegt nicht nur an der fantastischen Hanglage, sondern auch an den großzügig behaglichen Räumlichkeiten mit sensationellen Ausblicken, seiner Wellness-Abteilung, der Spa-Terrasse, dem hauseigenen Thermalwasser, den hochprofessionellen Anwendungen und vor allem auch an seiner stilsicheren Atmosphäre. Das äußerst geschmackvolle farbenfrohe Interieur wurde von seinen kreativen Inhabern Evelyn und Ike Ikrath zur perfekten Mischung aus heutigem Zeitgeist und traditionellem Komfort neu gestaltet. An der stilvollen Bar ließen schon berühmte Schriftsteller, wie Stefan Zweig und Thomas Mann, ihre Eindrücke sacken. Hier treten Sie in die Erholungs-Fußstapfen erfolgreicher Unternehmer, wie Bahlsen und Krupp, und erbauen sich an denselben imposanten Impressionen eines zeitlosen Naturschauspiels. An keinem Ort in den Gasteiner Bergen präsentiert sich die Sommer- und Winterfrische so erhaben. Bereits zum Frühstück werden Sie mit köstlichen Bio-Produkten, selbst gemachten Marillen- und Rhabarbermarmeladen, frisch gepressten Säften, Hirsebrei, glutenfreiem Brot und Almkäse aus Sportgastein verwöhnt. Die perfekte Grundlage für eine eindrucksvolle Wanderung mit eigenem Führer. Eine Schmökerstunde im Salon vor knisterndem Kaminfeuer gekrönt von einem 4-Gänge-Menü lässt den modernen „Großstadt-Hans" zu „Hans im Glück" werden – ob mit oder ohne Familie.

10 Haus Hirt Adresse: Kaiserhofstraße 14, 5640 Bad Gastein
Tel: 0043 (0)6434 27970 Internet: www.haus-hirt.com
Preise: DZ 89 – 163 Euro pro Person inkl. Halbpension

Ein Gespräch mit Evelyn Ikrath
Inhaberin und gute Seele im Haus Hirt

Wie erklären Sie uns das internationale Flair Ihres Hotels, ohne dabei anonym und steif zu wirken?

(lächelt) Wir haben lange ein internationales Leben geführt, da lässt man sich natürlich inspirieren. Auf Long Island beispielsweise hat mich die Stimmung einer Hotel Community – wie in einem privaten Haus – total überzeugt. In Italien ist es die Selbstverständlichkeit, mit der mehrere Generationen zusammen Spaß haben.

Letzteres ist wahrscheinlich schwieriger herzustellen, als es scheint?

Ja. Wir möchten, dass unser Haus mit Kinderlachen erfüllt ist, aber wir richten auch für den Ruhe suchenden Gast so genannte „Peace Times" ein. Unsere liebevolle Kinderbetreuung von Waldpädagogen und auch kreative Kurse, wie zum Beispiel im traditionellen Filzen auf einem Bauernhof, kommen sehr gut an.

Welche konkrete Erfahrung macht Ihre Gäste hier besonders glücklich?

Ein Stadtmensch aus London – der übrigens in zwei Stunden hier ist – ist meistens sehr müde im Kopf, aber nicht im Körper. Wenn er auf 1000 Meter die regenerierende, ionisierende Luft einatmet, während er zum Beispiel mit einem Reiseführer in der Gruppe eine wohltuende „Walk and Talk"-Dynamik spürt oder Kanu fährt, sich also körperlich anstrengt, dabei schwitzt und danach ein Thermalbad nimmt und eine spezielle Anwendung in unserem Spa genießt, fällt er abends in einen regenerierenden Tiefschlaf, den er so schon lange nicht mehr erlebt hat.

Sie machen Ihren Gästen sozusagen Beine?

(lacht) Ja, das auch, aber nur, wenn sie wollen – vor allem aber schlagen wir eine Brücke zur Natur, denn das ist die wahre Sehnsucht der Städter!

🖝 Alpine Spa

In einem Spa versuchen wir als gestresste Wesen, die Harmonie zwischen Körper, Geist und Seele wiederherzustellen. Das gelingt in behaglicher, fast privater Wohlfühlatmosphäre im Nu, weil man sich hier in Top-Profi-Hände begibt und mit wohlriechenden und gehaltvollen Aveda Produkten behandelt wird. Neben Schwitzkastenklassikern, wie Sauna und Dampfbad, stehen Bäder in heißem Thermalwasser mit Jungbrunnen-Effekt zur Verfügung. Bei einer Polarity-Energie-Massage wird Ihr Immunsystem angekurbelt und Ihr Energieniveau erhöht. Wenn Sie dann, im Anschluss an eine traditionelle oder asiatische Massage-Behandlung, eingemümmelt in bequemes Frottee, tiefe Atemzüge auf dem einmalig schönen Sonnendeck mit Gebirgsblick machen, sind Sie am Gipfel der Entspannung angekommen. Versprochen!

MIRAMONTE

HOTEL MIRAMONTE

Sie lieben überraschende WOW-Effekte gepaart mit Understatement, stilvoll dezente Design-Brüche, starke Farben, große Zimmer, Lounge-Atmosphäre mit Sixties-Charme, gewaltige Aussichten auf das Bergpanorama – selbst aus der Sauna?

Abends möchten Sie an einer stilvollen Bar, die man aus Filmen mit Steve McQueen zu kennen glaubt, den Tag ausklingen lassen? Mit hervorragenden Weinen, fassfrischem Bier der Familienbrauerei oder Spitzen-Cocktails auf das alpine Urlaubsglück anstoßen? Dann seien Sie gespannt auf das Miramonte! Es ist das jüngere Schwesternhotel des Hirt direkt auf dem Berg und in Fußnähe zum Graukogellift. Der von außen eher nüchtern wirkende Kasten hat das Potential einer Wundertüte. Einst Herberge für die Mitarbeiter der Österreichischen Nationalbank präsentiert sich der gekonnte Design-Remix heute als perfekter Zufluchtsort für Großstadtnomaden. Diese können sich bereits am ausgiebigen Frühstücksbuffet (auch für Langschläfer) an Mutterland-Tee, italienischem Cappuccino und hausgemachten Produkten, wie Griespudding mit gebackenen Früchten, laben sowie beim Dinner im großen Speisesaal an unkompliziert authentischen Gerichten mit besten regionalen Zutaten. Im Miramonte kann man sich in mondäner Panorama-Lage selbst genügen – ohne beim „alpinen Zu-sich-selbst-Kommen" auf stylishes Ambiente und Qualität zu verzichten.

11 Hotel Miramonte Adresse: Reitlpromenade 3, 5640 Bad Gastein
Tel: 0043 (0)6434 2577 Internet: www.hotelmiramonte.com
Preise: DZ 52 – 132 Euro pro Person inkl. Halbpension

👉 Bergwanderung Graukogel

Für diese mittelschwere Bergwanderung brauchen Sie festes, bergtaugliches Schuhwerk und etwa vier Stunden Zeit. Der Graukogelgipfel verwöhnt Sie mit malerischen Impressionen. Am besten starten Sie am Parkplatz des Grauko-gelliftes und nehmen den markierten Alpenvereinsweg über die Mittelstation entlang der Skiabfahrt bis zur Bergstation. Unterhalb des Hüttenkogelgipfels biegen Sie rechts in den Andreasweg ab. An der Graukogelscheide überquert man einen Grat und erreicht eine kleine Scharte, die Vorgipfel von Hauptgipfel trennt. Ein schmaler Fußweg führt über einen steilen Gras- und Geröllhang zum Gipfel. Machen Sie sich selbst ein Bild vom angeblich schönsten Aussichtsberg des Gasteinertals.

Das geht natürlich auch ganz bequem per Lift, dann können Sie herabschwe-bend Ihren Blick die ganze Zeit am attraktiven Ortskern von Bad Gastein samt Casino kleben lassen.

DAS REGINA

Nur wenige Fußminuten von Casino und Ortszentrum mit seinem weltberühmten Wasserfall entfernt, erstrahlt das Hotel Regina im Glanz einer
großen, weiten, und vor allem für den Ort neuen Übernachtungswelt. Eher
Townhouse als Hotel, mixen sich hier gekonnt und geschmackvoll die Stile:
von echt golden venezianisch über Italobauernchic bis zum Shabby-Style.
Der junge Hotelier entrümpelte das Jahrhundertwendehaus, entfernte Wän-
de, legte wertvolles Parkett frei und kaschierte dabei seine charmanten
Gebrauchsspuren nicht, sondern versiegelte sie. Strich jedes Zimmer mutig
anders und wusste genau, was es zu behalten galt: wie beispielsweise die
müden grünen Bezüge der Entreé-Möbel, die sich nicht nur samtig ins Auge
schmeicheln. Auch die wertvollen Patchwork-Marmor-Tische, die zwar einmalig aussehen, aber genauso im Zwillingshotel Metropol in Venedig stehen,
tragen zu einer lässigen Salonatmosphäre bei. Das Wort Atmosphäre macht
sich sowieso überall breit. Deshalb können die Nächte nach einem Essen mit
sehr guter, frischer, junger Küche auch durchaus länger werden – entweder
auf großen Polstern vor prasselndem Kaminfeuer oder im hauseigenen Kino
vor der Leinwand. Danke, Olaf Krohne!

12 Das Regina Adresse: Karl-Heinrich-Waggerl-Straße 5, 5640 Bad Gastein
Tel: 0043 (0)6434 21610 Internet: www.dasregina.com
Preise: DZ ab 98 Euro Euro inkl. Frühstück

Ein Gespräch mit Olaf Krohne

Inhaber des Hotel Regina

Warum haben Sie das Traditionshaus so umgestaltet, als stehe es in New York oder London?
Ich wollte das Coole und das Kulturelle aus der Stadt in die Berge bringen und dafür eine passende Umgebung schaffen.

Welche Zielgruppe sprechen Sie damit an?
Es ist eine Mischung von Gästen, überwiegend Kreative aus Berlin und Hamburg – man könnte die Zielgruppe als Hippies mit einem sympathischen Hang zum Luxus beschreiben.

Sie haben als Kind Bad Gastein zu seiner glamourösen Blütezeit erlebt und sich offenbar nachhaltig verliebt. Was genau reizt Sie daran, diesen Kurort wie Dornröschen aus seinem Schlaf zu küssen?
(lächelt) Ganz offensichtlich zum einen die unfassbar schöne Landschaft. Dann aber auch die Nähe zu Italien: Wir sind hier zwei Stunden von Triest entfernt und drei Stunden von Venedig. Dazu kommt der leicht morbide Charme des Ortes, die Belle-Époque-Architektur der vielen Grand Hotels. Für mich ist das inspirierend und motivierend – es ist mir geradezu ein Bedürfnis diesen Ort mitzugestalten.

☞ Café Regina am Bahnhof

Die coole Generation „Coffee-to-go" ist in Bad Gastein angekommen. Wie ein Prophet aus der Urbanität oder gar einem anderen Land wirkt das schlichte kleine schokobraune Café direkt am Bahnhof. Hier werden keine ganzen Nachmittage bei Kaffee in Kännchen und Sahnetorten verplaudert, sondern mal flott ein gut schmeckender Cappuccino von Nannini oder ein wohltuender Tee von Mutterland getrunken. Dazu schmeckt eine hausgemachte Tarte und wer Lust auf Eis hat, freut sich über die Eistruhe mit Ben & Jerry Eiscreme. Auch die frisch gepressten Säfte sorgen für einen Vitaminschub am Morgen. Wir wünschen dem Ort, dass weitere Propheten dieser Art, die das Leben genussvoller und unkomplizierter machen, noch folgen werden.

Adresse: Bahnhofsplatz, 5640 Bad Gastein
Öffnungszeiten: Montag – Sonntag 8.00 – 18.00 Uhr

☞ Skibar Regina

Um in dieser Schneebar auf 2161 Meter Höhe einen Drink zu nehmen, müssen Sie sich schon die Skier unterschnallen. Hier lohnt sich allein die Location, zeitloses Ufo-Flair. Mit dem Architekturdenkmal aus den Siebzigerjahren, einer voluminösen Aluminiumkugel von Gerhard Garstenauer, dem atemberaubenden Blick und der prickelnd frischen Luft scheint die Perspektive geweitet zu sein, um in mehrfachem Wortsinn an Weitblick zu gewinnen. Hier zelebriert eine lässige Großstadt-Szenen-Generation ihr Gipfelvergnügen auf einem gemütlichen Sonnendeck. Fernab von Pelz-Protz und folkloristischen Klängen, die man nur sternhagelvoll ertragen könnte. Après-Ski ist auf einen neuen Geschmack gekommen.

Ehemalige Plattform des Kreuzkogel-Lifts, Skigebiet Sportgastein

VILLA SOLITUDE

Das Bad Gasteiner Attribut „morbider Charme" passt so gar nicht zur Villa
Solitude. „Morbide" müssen Sie komplett streichen. Die denkmalgeschütz-
te Gründerzeitvilla ist perfekt restauriert, erstrahlt im kräftigen originalen
Gelbton und ist quicklebendiger Treffpunkt zu jeder Tageszeit. Bereits beim
Frühstück kann man sich auf der Terrasse mit Blick auf den Wasserfall fühlen
wie auf einem exklusiven Logenplatz zum Genuss eines Naturspektakels: Zu
erleben, wie die Sonne sanft den Nebel durchbricht und dazu die gewaltige
Energie des immerzu fallenden Wassers zu hören, ist dramatisch schön! Mittags wirft sich das Sonnenlicht auf die pudrig pastellgetünchten Fassaden
und animiert zur Ortserkundung. Die hervorragende Küche hat Chefkoch
Wolfgang Nagler unter seinen berühmten Fittichen. Doch seine glamouröse
Kochvergangenheit ist für ihn tabu, lieber lässt er seine heutigen Gerichte
für sich sprechen und macht uns genussvoll sprachlos. Wir können allenfalls
noch „mhmen": über zartesten Saibling mit extrem aromatischen Steinpil-
zen, Polenta mit Schafskäse-Chutney und zartes Reh mit Spinatspätzle. Zum
Glück sind die Portionen keine Magen-Killer, so dass Kaiserschmarrn mit
Rumpflaumen und karamellisierten Rosinen noch bestens passt. „Der Mann
ohne Kochvergangenheit" ist offensichtlich angekommen – wir sind es auch
und zwar im siebten Gasteiner-Geniesser-Himmel.

13 Villa Solitude Adresse: Kaiser-Franz-Josef-Straße 16, 5640 Bad Gastein
Tel: 0043 (0)6434 5101 Internet: www.villasolitude.com
Öffnungszeiten: November – April Montag – Samstag ab 16.00 Uhr,
Sonntag ab 11.30 Uhr, Mai – Oktober täglich ab 10.00 Uhr

Ein Gespräch mit Wolfgang Nagler

Chefkoch der Villa Solitude

Worin besteht für Sie die Herausforderung, hier zu kochen anstatt in einer Großstadt?

Das fängt schon beim Einkauf an, gute Quellen wollen hier erarbeitet werden, man muss bewusster auswählen und Vertrauen haben. Aber das führt eben auch dazu, dass man die Ressourcen mehr zu schätzen lernt. Manchmal kommt eine Frau mit einem Korb superfrischer Schwammerl. Aber ich weiß nie, ob sie kommt …

Das klingt so, als würden Sie diese Einschränkung auch mögen?

Ja, das ist ein völlig anderes Lebensgefühl, im Einklang mit der Natur und ihren Gesetzen zu kochen. Für mich ist es eine Herzensangelegenheit, da gehört es auch dazu, dass nicht die Hälfte in die Mülltonne wandert.

Wie verhindern Sie das?

Die Freiland Hendl sind qualitativ richtig gut hier, da kann ich den Gästen auch mit Innereien eine Freude machen. Bei Ferkeln würde ich am liebsten von den Ohren bis zu den Klauen immer alles verwerten.

Was würden Sie als Ihren neuen Koch-Stil bezeichnen?

(muss keine Sekunde überlegen) Anständig, gut und ehrlich!

Klingt toll! Was hat man da konkret auf dem Teller?

(lacht) Jedenfalls keinen Salzwasserfisch in Bad Gastein, den man lange transportieren muss. Nein, im Ernst: Alles, was die Jahreszeiten frisch hergeben, aber auch mal anders und mit Fantasie kombiniert, wie zum Beispiel einen Egli (Flussbarsch) zusammen mit Holländischem Matjes. Es soll ruhig schmecken wie bei Oma und Mutter, dazu zählen auch Suppen und Schmorgerichte.

☞ Auch zum Übernachten

In der Villa Solitude wohnen Sie im Belle-Époque-Stil auf 1000 Meter Höhe. Die geräumigen Zimmer präsentieren sich liebevoll restauriert, zum Teil mit alten Holzvertäfelungen, Originalparkett und schönen Antiquitäten. Sie wohnen nicht nur in einem mondänen Zeitzeugen der guten alten Gasteiner Glanzzeit, sondern direkt neben dem Casino und nur wenige Schritte vom Zentrum mit seinem rauschenden Wasserfall entfernt. Die ideale Unterkunft, wenn man eine private Atmosphäre dem Hoteltrubel vorzieht, die wirklich sehr gute Küche im separaten Restaurant genießen möchte und die zentrale Lage für ein facettenreiches Freizeitangebot nutzen möchte, wie zum Beispiel Golfspielen, Wandern, Reiten, Forellenfischen, Kutsch- und Schlittenfahrten, Shopping, Theater-, Konzert- und Casinobesuche.

Preise: DZ ab 100 Euro inkl. Frühstück

BELLEVUE ALM

Die markante Gemütlichkeit einer der ältesten Skihütten Europas setzt sich aus verschiedenen Zutaten zusammen: der offene XXL-Kamin inmitten des Restaurants, das rustikale Massivholz der Möbel, Decken und Böden, durch das sich eine Holzwurmfamilie in tausend Jahren nicht futtern könnte, die Lage und die Aussicht. Auf 1300 Metern Seehöhe an der Ostseite des Stubnerkogels genießen Sie einen fantastischen Blick. Man kann gar nicht anders als entspannen, die Luft verführt augenblicklich zum tiefen Durchatmen. Ob im Sommer nach einer Wanderung oder im Winter nach einer alpinen sportlichen Aktivität, die Küche hält die passende Stärkung mit traditionellen, regionalen Gerichten, wie Kaspressknödel-Suppe, Tiroler Gröstl oder Schinken und Käse-Saucen, bereit. Die Rippchen aus einer Riesenpfanne sind legendär. Wir empfehlen, unbedingt Platz für eine Süßspeise zu lassen, denn der Kaiserschmarrn nach einem Rezept von Eckart Witzigmann schmeckt köstlich. Wer die Ruhe sucht, sollte tagsüber kommen oder im Sommer mittags. Die Bellevue Alm ist bekannt für eine ausgelassene Stimmung und lange Abende. Leider braucht man auch mindestens zwei Becher Glühwein, um sich an die immer (!) dudelnde Volksmusik zu gewöhnen. Geschmacksache – im Gegensatz zur Schönheit der Bellevue Alm, die mit ihrem nostalgischen Toni-Seiler-Charme bezaubernd authentisch ist.

14 Bellevue Alm Adresse: Bellevue-Alm-Weg 6, 5640 Bad Gastein
Tel: 0043 (0)6434 3881 Internet: www.bellevue-alm.com
Öffnungszeiten: Dienstag – Sonntag 11.00 – 24.00 Uhr

VORSICHT DACHLAWINEN

☞ Sessellift und Rodeln

Der hauseigene Sessellift, mit dem Sie super bequem und aussichtsreich zur Bellevue Alm hochschweben, war der erste Sessellift in ganz Österreich und ist täglich bis 24 Uhr in Betrieb. Er verbindet Wanderer, Rodler und Skiläufer zu jeder Jahreszeit mit Bad Gastein. Die Skiabfahrt vom Stubnerkogel führt direkt an der Bellevue Alm vorbei. Genauso wie die Naturrodelbahn von zwei Kilometern Länge, auf der es besonders stimmungsvoll ist, am Abend mit Schlitten auf der beleuchteten Piste talwärts zu fahren.

Rodelstrecke Bad Gastein – Bellevue Alm
Tel: 0043 (0)699 18288802

CAFÉ GAMSKAR

Sie suchen ein zeitloses Café mit Charakter, um dort eine Cremeschnitte bei sagenhaftem Ausblick zu genießen? Außerdem wünschten Sie sich, die Zeit bliebe stehen und der Zeiger auf der Waage ebenfalls? Zweiteres können wir nicht versprechen, denn allein die Komponenten der Cremeschnitte, Blätterteig, Johannisbeergelee und die Butter-Sahne-Creme sind so gut, dass man das Kaloriengewissen am besten ganz ausschaltet. Auch sentimentales, heimisches Nachbacken führt nur zur Frustrationen, denn Berthold Auer, der sympathische Inhaber des Cafés Gamskar hütet die Rezeptur des Teiges wie ein Staatsgeheimnis. Auch wenn andere österreichische Mehlspeisen, wie etwa der Kaiserschmarrn, zu empfehlen sind, die Cremeschnitte ist inzwischen zu einem Klassiker der Konditorei geworden. Schlechtes Wetter gibt es hier eigentlich gar nicht, denn jedes Wetter hat von dort oben hinter der riesigen Panoramaverglasung seine Reize, wenn man gemütlich in nostalgischen, rhabarberfarbenen Siebzigerjahre-Sitzmuscheln sitzt. Behaglich am Kamin fühlt man sich bestens aufgehoben. Direkt am Gasteiner Höhenweg gelegen, bieten sich immer tolle Aussichten auf das pastellfarben bebaute Bad Gastein und die Gasteiner Bergwelt mit ihren unendlich vielen Grüntönen. Im Winter taucht die Kulisse in märchenhaftes Weiß und wieder möchte man einfach nur die Zeit anhalten.

15 Café Gamskar Adresse: Gamskarstraße 15, 5640 Bad Gastein
Tel: 0043 (0)6434 2042 Internet: www.restaurant-gamskar.at
Öffnungszeiten: Donnerstag – Dienstag 11.00 – 18.00 Uhr

☞ Café Hubertus

Sie mögen keine Plastiktischdecken? Wir auch nicht! Aber die Atmosphäre dieses Cafés und seine Lage sind so einmalig, dass man den abwaschbaren Prag-
matismus glatt übersieht. Die Strahlkraft der moosgrünen Berge des Gasteinertals und das hölzerne Nachbarhaus nebst Wildgehege tauchen alles und
jeden in eine „heile, heile Gänschen Stimmung", so dass man sich, ohne lange
zu fackeln, eine Buttermilch bestellt. Die Stimmung ist ausgesprochen famili-
är und liebenswürdig. Wir schielen auf den Nachbarteller, wenn auch nur auf
der Suche nach kulinarischen Gründen, um länger zu verweilen und – warum
auch nicht? – die Komfortzone Terrasse um die Bestellung einer Portion Krai-
nerwürstl mit Sauerkraut zu verlängern. Wir bereuen nichts!

Adresse: Höhenweg 11, 5640 Bad Gastein, Tel: 0043 (0)6434 3239
Öffnungszeiten: Mittwoch – Montag 8.00 Uhr bis der letzte Gast geht

☞ Shoppingparadies für Mineralien und Trophäen

Ein Geschäft dieser Art direkt neben dem Café Hubertus gibt es auf der Welt
wohl kein zweites Mal: Man kann kaum treten inmitten der wilden Mischung
aus groben Kristallen und dekorativen Halbedelsteinen aller Herkunftsländer,
Größen und Farben, monströsen Geweihen, ausgestopften Vögeln und Kunden mit staunenden, spiegeleigroßen Augen. Die Magie, die von Kristallen
ausgeht, ist ja bekannt, jetzt ergreift sie uns: Wir müssen die schweren Steine
anfassen, gegen das Licht halten, drehen und wenden, sehen, wie die Sonnen-
strahlen sich brechen. So geht es hier fast allen. Irritierend ist allenfalls, wenn
es beim Griff ins nächsthöhere Regal merkwürdig am Hals kitzelt. Dann war
es wahrscheinlich das Flügelgefieder eines großen, bunten Vogels. Aber keine
Sorge, der ist so tot, der will noch nicht einmal mehr spielen.

UNTERBERGERWIRT

Wenn Sie bisher dachten, Feng-Shui sei entweder nichts für Sie oder nur etwas für Vegetarier oder Chinesen und habe zudem in Salzburg nichts verloren, dann sollten Sie mal bei Hans-Peter Berti zu Abend essen. Dem mehrfach ausgezeichneten Wirt und Fernsehkoch sieht man seine Liebe zur fernöstlichen Harmonie-Philosophie nicht auf den ersten Blick an, ebenso wenig wie seinem Restaurant: Typisch österreichischer Landhausstil, üppig gedeckte Tische, behaglicher Kachelofen. Auf der Karte stehen traditionelle Geflügelspezialitäten, regionale Klassiker, wie beispielsweise Blunz'n, Bratl und Knödel oder Tafelspitz vom Heubeißer. So nennt man hier das heimische Pinzgauer Rind, das in Mutterkuhhaltung natürlich und liebevoll großgezogen wird und besonders zartes und saftiges Fleisch hat. Der Koch verarbeitet in seiner feinen regionalen Bio-Feng-Shui-Küche nur die besten Produkte. Das Kochen nach den fünf Elementen bedeutet für ihn im wesentlichen, Produkte aus der eigenen Klimazone zu verwenden und auf deren ganzheitliche Wirkung zu achten. Probieren Sie es, Sie werden sich nach dieser Schlemmer-Küche nicht gefüllt, sondern angenehm gesättigt fühlen. Voller Energie und Harmonie. Auch wenn man das Chi – die universelle Lebensenergie – nicht sehen kann, wahrnehmbar ist sie im Unterbergerwirt, dafür hat Herr Berti gesorgt.

16 Unterbergerwirt Adresse: Unterberg 110, 5632 Dorfgastein
Tel: 0043 (0)6433 70770 Internet: www.unterbergerwirt.com
Öffnungszeiten: Täglich 11.30 – 24.00 Uhr

WANDERPARADIES SPORTGASTEIN

Die Protagonisten einer christlichen Vorstellung vom Paradies sind Adam und Eva textilfrei, honigtriefende Bäume und eine den Frieden störende Schlange. Zum Glück gibt es auch irdische Paradiese, wie Sportgastein. Im Winter reizen die Pisten des hochgelegenen Skigebietes unzählige Skifahrer und Snowboarder. Wenn der Schnee verschwindet und nur noch wie ein attraktives Ausstattungsdetail dem Postkartenfotograf zuliebe die Gipfel der Dreitausender zu schmücken scheint, öffnet sich der Vorhang für ein einmalig schönes Wanderparadies. Einige der höchsten Berge der Alpenrepublik bieten hier die optimalen Bedingungen für alpine Bewegung in Frühling, Sommer, Herbst und Winter. Inmitten eines atemberaubenden Panoramas mächtiger Felsen wie der Hohen Tauern und den moosig grünen Gipfeln im Gasteinertal können Sie wandernd, kletternd oder mountainbikend die wundervolle Natur in sich aufnehmen – angereichert mit kristallklarer Luft. Ein gutes Wegenetz und der komfortable Transport mit sicheren Bergbahnen führt zu zahlreichen Panoramaplätzen, die ebenso wie das Nassfeld reinste Natursensationen sind. Impressionen, an denen man sich nicht sattsehen kann, sind garantiert! Genau wie der Hunger bei viel Bewegung an frischer Luft: In charmanten Almhütten mit rustikalem Holzmobiliar, Traumterrassen und köstlich authentischen Speisen kommt so richtige Urlaubsstimmung auf.

17 Sportgastein

Gott ist Liebe
Gott ist Segen

☞ Pottinger Hütte

Die Pofesen und den Enzianschnaps auf der Pottinger Almhütte müssen Sie sich nicht erst erwandern. 15 Fußminuten vom Sportgasteiner Parkplatz entfernt können Sie auf der Terrasse das Alpenpanorama in Vorfreude als Vorschau genießen und Köstliches aus eigener Produktion, wie Butter, Speck, Käse und Brot, vor Ort verzehren oder auch gern mitnehmen. Von hier aus wandert man prima zum Bockartsee oder auf das hochalpine Schareck. Wer von diesem Bergidyll nicht sowieso schon berührt ist, dem gibt ein Streichelzoo mit süßen, kleinen Bergziegen den „folkloristischen Heidi-Rest".

Adresse: 5645 Sportgastein, 15 Minuten vom Parkplatz entfernt

☞ Untere Astenalm

Die besten Bauernkrapfen isst man bei Heidi – und das täglich ab Mittag frisch. Wenn Sie Glück haben, können Sie sogar bei der Zubereitung zuschauen. In heißem Öl ausgebackener Hefeteig mit Puderzucker bestreut und mit Heidelbeermarmelade serviert ist ein wahres Geschmackserlebnis. Die perfekte Einkehr auf dem Sportgasteiner Almenweg.
Die untere Astenalm ist gut zu Fuß oder per Auto zu erreichen: an der Nassfelder Ache am Wanderpfad Richtung Sportgastein, nahe des berühmten Gasteiner Heilstollens.

Adresse: Sportgasteiner Almenweg, 5645 Sportgastein
Tel: 0043 (0)664 5929063
Öffnungszeiten: Mitte Mai – Ende September täglich ab 9.30 Uhr

DER PINZGAU: DIE NATUR BRÜLLT

„Auf Reisen gleichen wir einem Film, der belichtet wird. Entwickeln wird ihn die Erinnerung", so lautet eine Beobachtung von Max Frisch. Sie werden viele eindrucksvolle Bilder für immer behalten, wenn Sie in den Pinzgau reisen. Hier können Sie die gebirgigsten Teile Salzburgs erobern, ganz gleich, ob in Ihnen ein Skifahrer- oder Wanderherz pocht. Spektakuläre Postkartenblicke auf die schneeverwöhnten Gletscher, wie Kitzsteinhorn und Hochkönig, bieten sich von der Großglockner Hochalpenstraße. Zu den landschaftlichen Höhepunkten gehören die Krimmler Wasserfälle, der Großvenediger als vierthöchster Berg Österreichs, der Zeller See, weite Teile des Nationalparks Hohe Tauern sowie die Flusstäler der Salzach und der Saalach. Besonders ist aber auch, immer wieder zu erleben, wie die Kraft der Natur und des Gebirges sich beruhigend auf die gestressten Gemüter legt. Dieses Alpen-Wellness-Panorama bietet die perfekten Bedingungen, um sich schnell unbeschwert zu fühlen und auch das Große im Kleinen zu entdecken, beispielsweise beim Betrachten eines alten Baumes, eines speziellen Steines oder einer bunt blühenden Blumenwiese. Das Herz fotografiert mit und seien es nur Details, wie die samtigen Blütenblätter des frischen Enzians oder die Geranien, die in tiefem Sissi-Samtrot die hölzernen Balkone schmücken – unspießig und authentisch.

Taxhof

TAXHOF

Sie tragen als lärmbeschallter Großstädter die Sehnsucht nach Ruhe und Ursprünglichkeit in sich? Seit 1687 lebt die Familie Unterberger in ununterbrochener Erbfolge auf dem Taxhof und spätestens beim Betreten der großzügigen Sonnenterrasse mit ihrem majestätischen Weitblick auf das Panorama der Hohen Tauern wird klar, warum es hier noch niemanden weggezogen hat. Auch Gäste können ein behagliches Gefühl von Zuhause erleben. Sie wachen in gemütlichen, mit alten Bauernmöbeln individuell und neu gestalteten Zimmern auf. Der erste Blick auf die Berge macht augenblicklich gute Laune und Lust auf das Frühstück in einer sonnendurchfluteten Gaststube. Dort lassen sich bei besten Produkten aus der angeschlossenen Öko-Landwirtschaft Pläne für den Tag schmieden, wie zum Beispiel Spaziergänge oder Trekkingtouren durch die umliegenden Wälder und Wiesen. Bei Sonne bietet sich auch faules Rumdösen auf den hauseigenen Wiesen an, um die kontemplative Ruhe der Berge auf Körper und Geist zu übertragen. Ein selbst gemachter Tee mit Wildkräutern aus der Natur schmeckt wohl nirgendwo besser als hier. Alle Mahlzeiten werden (leider nur für Hausgäste) aus der Fülle der regionalen Spezialitäten im Einklang mit Natur und Jahreszeiten zubereitet. Im Taxhof gelingt der emotionale „Rückwärts-Purzelbaum", weil hier mit geschmackvollen neuen Details dem originär österreichischen Klang eine neue Note verliehen wurde.

18 Taxhof Adresse: Hundsdorf 15, 5671 Bruck/Großglocknerstraße
Tel: 0043 (0)6545 6261 Internet: www.taxhof.at
Preise: DZ 100 – 130 Euro inkl. Frühstück, HP 22 Euro pro Person

☞ Aufberg 1113

Hypermodern in spektakulärer Lage – ein privates Ferienhaus, das genau so auch in Los Angeles stehen könnte. Kein Witz! Allerdings ohne die sensationelle Sicht auf den Nationalpark Hohe Tauern, bei gesunder Bergluft und typischem Nadelwald-Aroma. Natürliche Materialien, warme Farben, nichts Überflüssiges, so entwarf der Münchner Architekt Prof. Andreas Meck die Ferienwohnungen mit den irritierend bescheiden anmutenden Namen: „Schwalben-" und „Spatzennest". Durch riesige Glasfronten dringt pure Natur hinein, selbst beim Duschen. Einfach und luxuriös zugleich – diese Residenz übertrifft jede Erwartung. Wer es hier oben nicht schafft abzuschalten, dem ist nicht zu helfen.

Adresse: Dürnberg 266, 5721 Piesendorf
Tel: 0043 (0)6545 6261, Internet: www.aufberg.at
Preise: Apartment 170 – 290 Euro

STEINERWIRT 1493

Der Steinerwirt ist das Haus in Zell am See, um entweder köstlich traditionelle Gerichte, wie ein saftiges Wienerschnitzel, das nur noch selten zu fin-
dende Steirische Wurzelfleisch, Fiaker Gulasch oder Rostbraten, zu essen
oder um superzentral mitten im Ort zu wohnen. Das legendäre Haus wurde
mit Verständnis für veränderte Gewohnheiten uminterpretiert, ohne die 500
Jahre alten Spuren einer zünftig österreichischen Gastlichkeit zu vertuschen.
Das frische Edelweiß auf den Tischen blieb, die alten Hirsche auf den Hotel-
fluren wurden gegen moderne Kunst ausgewechselt.
Ein großes Thema für den jungen Inhaber und Ex-New-Yorker Johannes
Schwaninger ist neben der Kunst der hervorragende Wein, der nach eigenen Konzepten selbst cuvéetiert wird. In dem beeindruckenden originalen
Kellergewölbe aus dem 14. Jahrhundert lagern nur Qualitätsweine renom-
mierter Top-Winzer. „Weine sind wie ihre Winzer", behauptet Schwaninger,
er wisse sofort, von wem welcher kommt. Wir genießen bereits am Mittag
einen Zweigelt Schwarz Rot. Diesen „Oberliga-Wein" beschreibt der sympathische Steinerwirt so: „Der hat was Fleischiges, mit einer Rohkraft, keine
Liebfrauen-Milch eben, und acht Stunden muss der auch nicht atmen, er
kommt sofort!" So, so, na dann zum Wohl – auch auf das des uns persönlich
unbekannten Winzers!

19 Steinerwirt 1493 Adresse: Dreifaltigkeitsgasse 2, 5700 Zell am See
Tel: 0043 (0)6542 72502 Internet: www.steinerwirt.com
Öffnungszeiten: Täglich 7.00 – 24.00 Uhr

Ein Gespräch mit Johannes Schwaninger
Inhaber des Steinerwirts

Sie sind Neurowissenschaftler und Psychologe, Ihre Frau Genetikerin, Sie haben beide in New York gelebt, aus familiären Gründen das Hotel übernommen, das seit 1892 in Familienhand ist. Was ist Ihnen konzeptionell besonders wichtig?

(lacht) Vor allem die totale Alpenklischee-Entsagung!

Wie gelingt Ihnen das?

(begeistert) Mit Kunst dagegen halten! Wir haben das, was uns hier echt gefehlt hätte, einfach aus der Stadt mitgenommen und organisieren mehrere Veranstaltungen im Jahr, wie Lesungen und Konzerte. Dadurch wurde ich auch vom Kultur-Konsumenten zum Kultur-Produzenten.

Können Sie uns bitte ein Beispiel nennen?

Der Regisseur Bernd Weißig hat hier das Dramolett „Der deutsche Mittagstisch" von Thomas Bernhard aufgeführt. (euphorisch) Ganz ohne Ankündigung und Bühne haben sich die Laienschauspieler beim Abendessen ganz normal an den Tisch gesetzt und losgelegt. Das war großartig, die überraschten Reaktionen zu sehen.

Auch für die anderen Gäste?

Na klar! Das hat ja auch nur 12 Minuten gedauert. Für uns ist es total wichtig, wie unsere Gäste sich fühlen, da lasse ich auch nicht locker. Im Gegenteil, ich bin da sehr offen: Nur weil ein Gast sich auf unserer Dachterrasse einen Whirlpool gut vorstellen konnte, (lächelt) haben wir da jetzt einen!

☞ Kunst und Kultur im Steinerwirt

„Im Urlaub werde ich endlich mal wieder ein gutes Buch lesen!" Kennen Sie diesen Vorsatz? Und auch, dass einem in den Bergen öfters die Augen zufallen wie die Tresortür einer Schweizer Bank? Kein Problem, hier können Sie sich mal ganz entspannt auf hohem Niveau etwas vorlesen lassen! Hochkarätige Autoren, wie zum Beispiel Matthias Horx, Martin Sutter und Eva Menasse, haben mit ihren Lesungen längst dazu beigetragen, den Steinerwirt zum Kulturwirtshaus zu erheben. Entspannend und inspirierend, wenn man sich mal nicht auf die Kultur-Socken machen muss, sondern die Inspiration ins Haus flattert: ob als Kunst an Wänden oder als Performance. Kommen Sie aber bitte nicht eines bestimmten Kunstwerkes wegen wieder! Die Ausstellungen wechseln im Halbjahresrhythmus. Pulsierend eben, dem neuen urbanen Temperament entsprechend, das Johnnes Schwaninger aus New York nach Zell am See importierte. Have a nice holiday!

MAYER'S RESTAURANT

Auf den Markennamen Porsche ist Verlass, wenn es um die Erfüllung höchster Ansprüche geht. Der Enkel des Firmengründers kaufte 1983 das Schloss Prielau, verwandelte es in ein schönes Hotel und machte Andreas Mayer, den ehemaligen Kochschüler Witzigmanns, zum Küchenchef. Eine goldrichtige Entscheidung, denn der mehrfach ausgezeichnete Kreative kochte sich mit seinen Kreationen aus Induktionskochtöpfen und Reagenzgläsern an Österreichs Gourmet-Spitze. Die raffinierten Gerichte seines Aroma-Menüs sind so klein wie aus der Puppenstube, aber großartig in Bezug auf Aromen und Konsistenz. So, und jetzt bitte anschnallen auf einem kulinarischen Höhenflug der ersten Klasse. Ab jetzt isst nicht nur das Auge mit, sondern auch die Nase: Wie in einer Parfümerie werden Aromen auf ein Stück Papier gesprüht und ihr Duft in Richtung Geruchssinn gefächelt. Schon der Versuch die subtilen Essenzen zu erraten macht Spaß. Bei der Variation eines Pampelmuse-Granite-Schaum mit puffig machender Luft haben wir bereits den ersten Höhenflug erreicht. Das klare Gemüsegelee mit geräucherter Renke verursacht aufgrund seiner Geschmacksintensität erste Turbulenzen auf dem Gaumen. Bei Alpenlachs mit Gemüsesud und Räucherfischfond haben wir den Himmel erreicht. Fasziniert bedanken wir uns für den (Aus-)Flug auf einen anderen Speise-Planeten begleitet von auffallend kompetentem sowie humorvollem Service, be- und erleuchtet vom Glanz zweier Michelin-Sterne.

20 Mayer's Restaurant Adresse: Hofmannsthalstraße 10, 5700 Zell am See
Tel: 0043 (0)6542 729110 Internet: www.mayers-restaurant.at
Öffnungszeiten: Montag – Freitag 18.30 – 24.00 Uhr, Samstag und Sonntag
12.00 – 14.00 Uhr und 18.30 – 24.00 Uhr

☞ Hotel Schloss Prielau

Wer lieber luxuriös an einem See wohnt als in den Bergen und ein gewisses, eher gediegenes österreichisches Jagdschloss-Flair mit rasantem Leihwagen vor der Tür wünscht, dem empfehlen wir die Übernachtung im Schloss Prielau. 200 Meter vom Nordufer des Zeller Sees entfernt mit privatem Badesteg präsentiert es sich kuschelig umschlossen von einem Park in absoluter Traumlage. Die hauseigene Rotwildzucht und das Gebäude der benachbarten Barockkapelle versprühen aristokratischen Land-Charme. Das Apartment im Fischerhaus ist etwas rustikaler und wegen seiner Einzellage ein begehrtes Unikat, um zu jeder Jahreszeit in wenigen Minuten – auch ohne schnellen Schlitten – die Europasportregion zu erreichen.

Adresse: Hofmannsthalstraße, 5700 Zell am See
Tel: 0043 (0)6542 799110, Internet: www.schloss-prielau.at

HUWI´S ALM

HUWI'S ALM

Wenn Sie die Sehnsucht verspüren, bei einer Bauernfamilie in einer alten Holzhütte auf einem Berg umgeben von traumhafter Naturkulisse zu essen, dann machen Sie sich auf den Weg zu Huwi's Alm. Legendär sind hier die Ripperl wegen ihrer extrem zarten Konsistenz, sie kommen in riesigen Pfannen brutzelnd auf den Tisch. Ihre spezielle Ofenbrat-Methode, sowie Gewürz- und Kräuterrezeptur bleiben streng geheim. Zu den Spareribs gibt es eine richtig gute Bio-Ofenkartoffel mit einer Schnittlauch-Sauerrahmsauce. Sie schielen auf Ihr Kalorienkonto? Das können wir mit einer Schüssel voll knackfrischer Salate ausgleichen, mal abgesehen von ihrem Begleiter, dem warmen und unwiderstehlichen Knoblauchbrot. Zu den Huwi-Klassikern zählt auch der Galloway Ochsenbraten, der stimmungsvoll und wohlriechend am offenen Grill zubereitet wird und aus eigener Zucht stammt. Wem das alles zu fleischlastig ist und wer aber dennoch etwas vom offenen Feuer möchte, kann sich auf den im Ganzen gegrillten Lachs mit Petersilienkarotten und Kartoffeln freuen. Dazu sitzt man urgemütlich auf Lammfellen und bekommt plötzlich sentimentale Gefühle, denn der Charme des alten Chalets hat eine starke, einnehmende Ausstrahlung. Man wünschte sich, man könnte öfter hier sein: mit seinen Liebsten, der Familie und den besten Freunden.

21 Huwi's Alm Adresse: Sonnberg 22, 5771 Leogang
Tel: 0043 (0)664 1800800 Internet: www.priesteregg.at
Öffnungszeiten: Täglich ab 18.00 Uhr, im Winter Montag und Mitwoch geschlossen, im Sommer Montag geschlossen

☞ Wohnen im Bergdorf Priesteregg

Das Bergdorf Priesteregg mit seinen 16 Chalets ist ein idealer Ort, um zum Beispiel mit mehreren Freunden zu verreisen. Dabei können alle von dem Luxus profitieren, individuell und großzügig komfortabel zu wohnen und dennoch in dörflicher „Tür an Tür Nähe" zu sein. Eingerichtet sind die gemütlichen Häuschen mit altem Holz, Naturstein und Bauernleinen. Die Schlafkammern wurden mit atmosphärischem Zirbenholz getäfelt, in den Betten schlafen Sie auf traumhaften Tempurmatratzen. Badend genießen Sie von Ihrer Chalet-Badewanne den Blick auf das Kaminfeuer oder draußen auf der Terrasse im Hot Pot, der täglich mit frischem 37 Grad warmen Quellwasser gefüllt wird, den Ausblick in die Natur. Sie denken, Sie sind im Himmel? Nicht ganz, aber auf 1100 Metern, einem Hochplateau mit 360-Grad-Alpenfeeling, umgeben von den Leoganger Steinbergen und den Kitzbüheler Schieferalpen, nach Almrosen, Wacholdersträuchern und Berglatschen duftend. Paradiesisch!

Adresse: Sonnberg 22, 5771 Leogang
Tel: 0043 (0)6583 825520, Internet: www.priesteregg.at
Preise: DZ ab 185 Euro pro Person

HERZOG DESTILLATE

Wie oft denkt man nach einem guten, reichhaltigen Essen „... und jetzt ein Schnäpschen wäre gut!" Nach dem Genuss eines Herzog Edeldestillats werden Sie nicht mehr länger in anonymen Schnaps-Kategorien denken, sondern sich wahrscheinlich immer genau diese Edelbrände herbeiwünschen. Siegfried Herzog gilt als „Künstler und Alchimist", bis zu 50 Fruchtsorten brennt er zu Edeldestillaten. Auf dem inzwischen mit moderner Technik ausgestatteten Bio-Bauernhof gibt die Familie seit Generationen ihr kostbares Wissen und die unschätzbare Erfahrung weiter. Bereits beim ersten Schritt auf den 400 Jahre alten Erbhof Keilbauer im idyllischen Saalfelden erschließt sich die lange Tradition und Kompetenz des Schnapsbrennens auf Anhieb. Probieren Sie zum Beispiel ungewöhnliche Noten, wie Karotte oder Ingwer, aber auch Klassiker, wie Vogel-, Johannis- und Heidelbeere oder die beliebte Williamsbirne – um nur eine Auswahl zu nennen. Alle Sorten schmecken so gut, wie es wohl nur einem als Schnapsbrenner des Jahres ausgezeichneten Experten gelingt, dessen Fähigkeiten auch in der Käseproduktion angekommen sind. Kosten Sie und decken Sie sich mit edlen Bränden ein, es kommt der Moment, zum Beispiel nach einem Wildbraten, in dem Sie sich einen Herzog Schnaps herbeisehnen. Unsere Favoriten sind Nusserl und Marille mit seinem intensiven Aprikosenaroma und so herrlich sanft wie ein Likör.

22 Herzog Destillate Adresse: Breitenbergham 5, 5760 Saalfelden
Tel: 0043 (0)6582 75707 Internet: www.herzogdestillate.at
Öffnungszeiten: Montag – Freitag 8.00 – 12.00 Uhr und 13.00 – 17.00 Uhr,
Samstag 8.00 – 12.00 Uhr

☞ Berger Feinste Confiserien

Sie sind eigentlich nicht so der Schokoladentyp? Das kann sich hier blitz-
schnell ändern. Schon allein die besonders geschmackvoll gestalteten Ver-
packungen steigern die Vorfreude auf den Inhalt. Die süßen Verführer sind allesamt Ergebnisse erlesener Handwerkskunst, kreativen Schöpfungsdrangs
und unbändiger Leidenschaft für die Kombination ungewöhnlicher Zutaten.
Nein, nicht Chili! Doch auch – aber der ist als Scharfmacher für das Schoko-
ladenaroma ja inzwischen bereits ein Klassiker. Aber haben Sie sich schon
einmal das Aroma von Heublumen und Apfelminze in einer Schokolade auf
der Zunge zergehen lassen? Seit 1994 stellen Hubert und Christine Berger
in ihrer Confiserie in Lofer Pralinen und Schokoladen mit erstklassigen Roh-
stoffen in liebevoller Handarbeit her. Dabei verzichten sie auf Chemie und
jegliche Konservierungsstoffe. Alle Tafeln, Pralinen und Trüffel eignen sich
auch bestens als Geschenk oder Mitbringsel, denn sie transportieren weit
mehr als den süßen, vergänglichen Genuss.

Adresse: Schokoladenweg 1, 5090 Lofer
Tel: 0043 (0)658 87616, Internet: www.confiserie-berger.at
Öffnungszeiten: Montag – Freitag 8.00 – 12.00 Uhr und 13.00 – 18.00 Uhr,
Samstag 8.00 – 12.00 Uhr

SCHWAIGERLEHEN

Theresia Bacher ist ein Original, das mit vitaler Herzlichkeit nicht nur einem Abend, sondern Haus, Herd, Hof und Speisen ihren persönlichen Stempel aufdrückt, wie Sie es nirgendwo auf der Welt ein zweites Mal erleben werden. Prickelndes mit frischem Hollersaft und bunten Blüten veredelt den ersten Gruß aus der einzigartigen Küche des Pinzgaus. Dann geht es zum „Show-Cooking wie zu Urgroßmutterszeiten" in einen rustikalen Raum mit einer steinernen Arbeitsfläche anno 1486 unter einem über die Jahrhunderte pech-schwarz gefärbten Deckengewölbe an festlich gedeckte Bauernholztische. Neben dem offenen Feuer präsentieren sich Zutaten wie die üppige Ernte des Gartens Eden als museumsreifes Stillleben: junges Reh- und Ziegenfleisch, frischer Almsauerrahm, Butter, Käse, Liebstöckel, Thymian, knackige Salate, Steinpilze und Pfifferlinge – fast alles aus dem eigenen Garten, das Fleisch aus eigener Jagd. Wenn die Gastgeberin schwungvoll ihre Pfannen bestückt, beginnt die Show. Eine Art Live-Infotainment, denn ihr Wissen um die Her-kunft und Wirkung der Zutaten aus der Natur der Hohen Tauern ist wirklich beeindruckend. Über viele Generationen wurden zahlreiche ihrer Rezepte weitergegeben. Die Thresi, wie sie spätestens beim Abschied genannt wird, hat viele davon in ihrem liebevoll gestalteten Buch „Meine Heimat – Meine Küche" festgehalten. Wir empfehlen eine Reservierung zehn Tage im Voraus.

23 Schwaigerlehen Adresse: Schwaigerlehen 14, 5724 Stuhlfelden
Tel: 0043 (0)6562 5118 Öffnungszeiten: Es wird auf Vorbestellung gekocht, deshalb vorher telefonisch reservieren.

SALZBURG VERZAUBERT

Schon allein der Anblick der einzigartigen Kulisse versetzt einen in feierliche Höchststimmung. Der Kontrast aus barocken Kirchen, glanzvollen Schlössern und zwei eindrucksvollen Hausbergen ist bezaubernd schön. Ganz selbstverständlich streift man die Rolle des Zuschauers ab und wird zum vergnügten Mitspieler eines amüsanten Stadtspektakels. Beispielsweise bei einem Besuch auf dem legendären Grünmarkt am Samstag, wenn die Salzburger in perfektem Trachtenlook ihre Einkäufe zelebrieren, um anschließend in der traditionsreichen Schatz-Konditorei eine Cremeschnitte zu genießen. Ein Bummel durch die prominente Getreidegasse zum Alten Markt ist ebenso inspirierend, wie der Ausblick vom Mönchsberg auf das malerische Treiben. Besonders eindrucksvoll ist es, entlang der hellblauen Salzach zum Lustschloss Hellbrunn zu radeln, mitten durch unberührte Natur, begleitet von einem imposanten Alpenpanorama. Die Mozartstadt überzeugt und überrascht, genau wie ihre Einwohner und ihre Küche mit den unterschiedlichsten Facetten von hochfürstlich bis urban über weltoffen und heimatverbunden bis hin zu bodenständig und abgehoben.

In Salzburg lebt es sich einfach gut. Soll das 21. Jahrhundert sich doch anderswo abmühen. Hier huscht stattdessen ab und zu eine Pferdekutsche durchs Bild, meckern Gämsen am Fuße des Kapuzinerbergs, umgarnt der Herr die Dame mit Salzburger Schmäh – und die Stadt den Besucher mit unwiderstehlichem Charme.

ARTHOTEL BLAUE GANS

Hotelier und Kunstliebhaber Andreas Gfrerer hatte Großes vor, als er die Blaue Gans 2001 übernahm. Zunächst bekamen die historischen Mauern des ältesten Gasthauses der Getreidegasse durch den Wiener Architekten Christian Prasser einen neuen Look. Die gemütlichen Zimmer wurden zu einem Mix aus Tradition und Moderne. Als Gfrerer seine Lieblingskunst im Haus verteilte – über 90 Unikate von Joseph Beuys über Rosemarie Trockel bis zu David Moises – fühlte sich das Hotel plötzlich an, wie eine bewohnbare, lässige Ausstellung. Musiker, Künstler und Journalisten lieben das entspannt urbane Flair in der Blauen Gans, nicht nur während der Festspiele. Und die Salzburger genießen das internationale Fluidum im dazugehörigen Restaurant, bei Drinks, Snacks, Wiener Schnitzel und Tafelspitz. Der Fisch aus den Bächen der Umgebung wird so frisch geliefert, dass man ihn erst am nächsten Tag zubereiten kann. Ein Klassiker ist das Backhendl, das Samstagmittag nach dem Besuch des Grünmarkts für viele Einheimische zum beliebten Must Have wurde. Wer in der Blauen Gans eincheckt oder speist, den empfängt ein kunstvolles Miteinander aus Salzburger Charme und weltläufiger Moderne. Wunderbar!

24 Arthotel Blaue Gans Adresse: Getreidegasse 41–43, 5020 Salzburg
Tel: 0043 (0)662 8424910 Internet: www.blauegans.at
Preise: DZ 139 – 259 Euro inkl. Frühstück

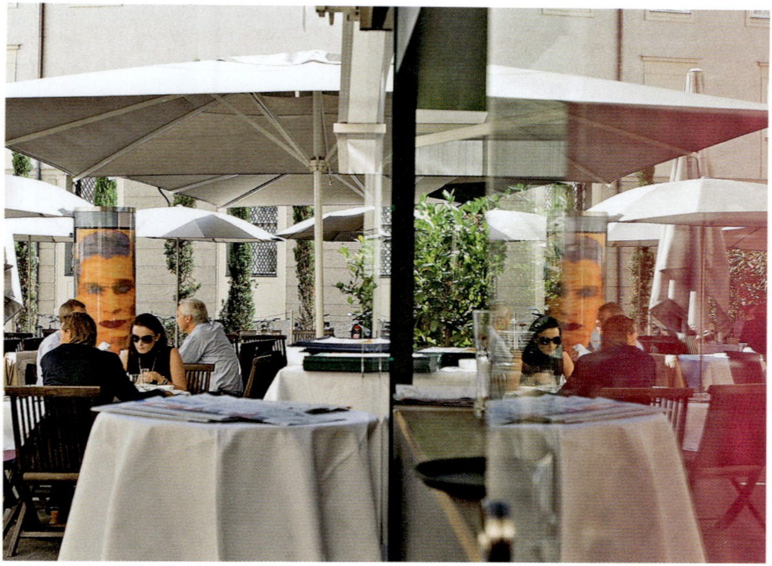

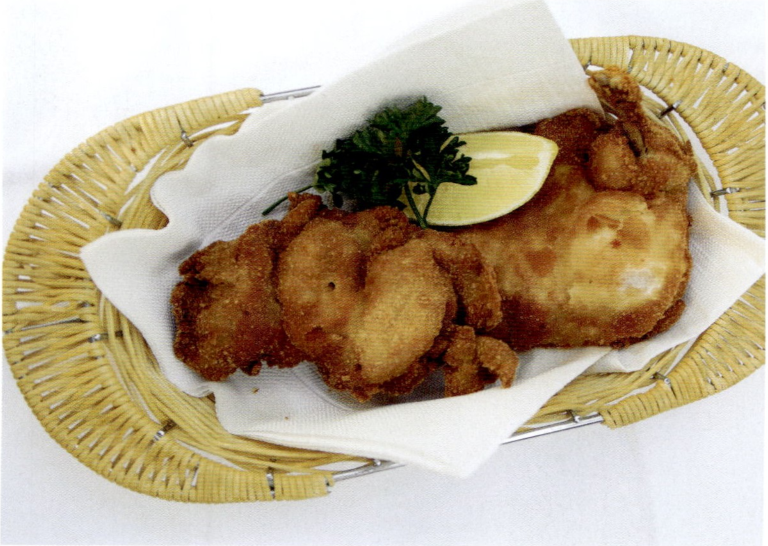

creativ-raum
<< suite 337

☞ Hotel & Villa Auersperg

Dem Auersperg gelingt der seltene Spagat zwischen zentraler Stadtlage und wunderbarer Erholung. Das charmante Stadthotel bietet eine schlicht moderne Einrichtung in der Villa und einen klassischen Stil im Haupthaus. Beide Unterkünfte sind von herzlicher und familiärer Atmosphäre geprägt. Der Willkommensgruß ist handgeschrieben, die Marmelade hausgemacht und die Kissen selbst genäht. Alles in Top-Qualität, die sich durch den ganzen Tag zieht. Das ausgesuchte Frühstücksbuffet besticht durch Schafsjoghurt vom Wolfgangsee und frisch gepressten Karottensaft. Ein Nachmittag im idyllischen Garten ergänzt sich perfekt mit einem abendlichen Saunaaufenthalt auf dem Dach mit herrlichem Blick über die Stadt.

Adresse: Auerspergstraße 61, 5020 Salzburg, Tel: 0043 (0)662 889440
Internet: www.auersperg.at, Preise: DZ 145 – 188 Euro inkl. Frühstück

MAGAZIN

In einem Stollen des imposanten Mönchsbergs sind das Restaurant, die Weinbar, der Feinkostladen und die Kochschule so raffiniert untergebracht, dass der Gast vom Innenhof aus in jeden Teil des lebendigen „Gourmet-Kosmos" eintauchen kann: von der Weinverkostung in der Vinothek zur Feinkosttheke, an der Schinken geschnitten wird, vom Restaurant ins Magazin und vom Garten in die Küche. Claudia und Raimund Katterbauer sind Inhaber aus Leidenschaft, die anbieten, was ihnen am besten schmeckt – eine Mischung aus österreichischen Klassikern und ihren internationalen Lieblingsgerichten. Stadtbekannt sind sie für ihr Beef Tatar, gefeiert werden ihre Gänselebervariationen. Das 4-Gänge-Menü „Quer durchs Magazin" ist deshalb die beste Art, sich durch die zahlreichen Köstlichkeiten zu probieren. Und das können Sie gerne in Jeans und T-Shirt tun, denn trotz Michelin-Stern und zwei Hauben: Es geht im Magazin alles andere als steif zu – und das zu jeder Tageszeit, denn die Küche ist durchgehend geöffnet. Verpassen Sie nicht, im Feinkostladen vorbeizuschauen. Hier verkauft Claudia Katterbauer alles, was auch im Restaurant auf dem Tisch steht: vom Meersalz bis zum Töpfchen, in dem es aufbewahrt wird, über österreichische und mediterrane Köstlichkeiten bis hin zu selbst gemachten Saucen und ausgesuchten Kochbüchern. In der Vinothek lagern zudem über 800 Weinsorten mit Schwerpunkt auf österreichischen Reben für jeden Weinliebhaber.

25 Magazin Adresse: Augustinergasse 13, 5020 Salzburg
Tel: 0043 (0)662 8415840 Internet: www.magazin.co.at
Öffnungszeiten: Montag – Samstag 10.00 – 24.00 Uhr

Rindsbackerl
Für 2 Personen

Die Rindsbackerl putzen, mit Salz und Pfeffer würzen und in Öl in einem breiten Topf anbraten. Anschließend herausnehmen.

Gemüse würfelig schneiden und im Topf anbraten, Tomatenmark kurz mitrösten und mit dem Portwein ablöschen. Mit Gemüsefond aufgießen.

Rindsbackerl einlegen und mit den Gewürzen circa 3 Stunden bei mittlerer Hitze weich schmoren.

Fertig gegarte (weiche) Rindsbackerl herausnehmen und restlichen Fond reduzieren, bis er eine dickflüssige Sauce ist. Dazu passt sehr gut ein Selleriepüree.

2 Rindsbackerl
2 Karotten
½ Sellerie
2 Zwiebeln
1 EL Tomatenmark
½ EL roter Portwein
1 l Gemüsefond
Lorbeerblatt, Pfeffer, Wacholderbeeren

M32

„Salzburg kann nicht nur Mozart sein, es muss auch ein zeitgenössisches Salzburg geben." Mit diesem Statement bewarb sich Sepp Schellhorn für die Ausschreibung des Restaurants im Museum der Moderne – und gewann.

Das M32 bietet vom Mönchsberg aus nicht nur den schönsten Blick auf Salzburg, sondern auch den entspanntesten. Während sich unten die Massen durch die Getreidegasse schieben, blickt man in aller Ruhe auf sie hinab. Im Sommer findet das Leben hauptsächlich auf der weitläufigen Terrasse statt. Unter großen Sonnenschirmen werden mediterrane Speisen mit Bodenhaftung serviert. Auch wenn Schellhorn nicht wie im Seehof in Goldegg selbst hinter dem Herd steht, merkt man den auf den Punkt gebrachten Gerichten seine Handschrift an. Das M32 ist den ganzen Tag über eine gute Wahl. Vom Frühstück, das bis 16.00 Uhr serviert wird, bis zum mitternächtlichen Drink mit Blick auf das beleuchtete Salzburg. Lässig geht es dabei durchgängig zu, was nicht nur an der Lounge-Musik, sondern auch an dem modernen Interieurdesign von Matteo Thun liegt. Unter Hirschgeweihen und auf buntem Leder genießt man die wunderbare Aussicht. Nicht überraschend, dass die Fensterplätze und die Tische in der ersten Reihe der Terrasse sehr begehrt sind.

Tipp: Reservieren Sie draußen den Ecktisch 97!

26 M32 Adresse: Mönchsberg 32, 5020 Salzburg Tel: 0043 (0)662 841000
Internet: www.m32.at Öffnungszeiten: Dienstag – Sonntag 9.00 – 1.00 Uhr,
während der Festspiele täglich 9.00 – 1.00 Uhr

☞ Museum der Moderne

2004 wurde, neben dem Rupertinum in der Altstadt, das zweite Haus des Salzburger Museums der Moderne eröffnet. Auf vier Etagen und mit wunderschönem Blick ins Tal wird hier moderne Kunst in genauso modernem Rahmen gezeigt. Neben der Sammlung, die von Gustav Klimt zu Gelatin reicht, gibt es wechselnde Sonderausstellungen.

Tipp: das Museumspaket „KunstGenuss" für 12,50 Euro. Es enthält den Museumseintritt, die Berg- und Talfahrt mit dem Mönchsberglift und ein Kunstfrühstück oder einen Kunstsnack im M32.

Adresse: Mönchsberg 32, 5020 Salzburg
Tel: 0043 (0)662 842220403, Internet: www.museumdermoderne.at
Öffnungszeiten: Dienstag – Sonntag 10.00 – 18.00 Uhr,
Mittwoch bis 20.00 Uhr

☞ Augustiner Bräustübl

Bestellen Sie sich im schönsten und ältesten Biergarten Salzburgs ein kühles
selbst gebrautes Bier. Das ehemalige Kloster hält zwar das traditionelle Rezept
geheim, aber dafür verraten wir Ihnen, was Ihren erfrischenden Bier-Genuss
noch steigert: Machen Sie es wie die Stammgäste und spülen Sie Ihren Stein-
krug vorher mit eiskaltem Wasser aus. Im Sommer gibt es nichts Erholsameres,
als unter uralten Kastanienbäumen zu einem frischen süffigen Augustiner ty-
pische Köstlichkeiten zu genießen: schwarzen und weißen Radi vom Bauern,
saftigen Steckerlfisch, knuspriges Grillhendl, Brezn und Sardellenbutter. Zu
dem beeindruckenden Klostersaal Nr. 1 gelangen Sie durch den Schmankerl-
gang, in dem Ihnen wie in einer alten Markthalle allerlei Kulinarisches angeboten wird.
Tipp: Der schönste Weg zum Augustiner Bräu führt zu Fuß über den Mönchsberg und lässt sich gut mit einem Besuch in der prachtvoll ausgestatteten Müll-
ner Kirche verbinden.

Adresse: Lindenhofstraße 7, 5020 Salzburg
Tel: 0043 (0)662 431246, Internet: www.augustinerbier.at
Öffnungszeiten: Montag – Freitag 15.00 – 23.00 Uhr,
Samstag und Sonntag 14.30 – 23.00 Uhr

CAFÉ BAZAR

Alle Wege führen ins Café Bazar – und das gleich mehrmals am Tag. Nicht nur wegen der schönen Sommerterrasse direkt an der Salzach, von der aus man auf das andere Flussufer blickt, wo das Stadttreiben wie in Zeitlupe vorbeizieht. Hier lässt sich der Tag mit einer Marillensemmel oder mit Eiern im Glas und einer Tasse Melange dazu kaum besser beginnen. Aber auch zwischendurch verführen Bazarklassiker, wie Rindssuppe mit Frittaten, gratinierte Schinkenfleckerl oder hausgemachter Topfenstrudel, immer wieder zur Rückkehr. Auf gute österreichische Produkte direkt vom Bauern legt Familie Brandstätter genauso viel Wert wie auf die persönliche Bedienung der Gäste. Dank der behutsamen Renovierung 2002 zieht noch immer das Flair vergangener Zeiten durch die Räume des Kaffeehauses, dessen Stammgäste sich Bazarianer nennen und über die gesagt wird, dass sie ihren kleinen Braunen so lange auf der Terrasse nehmen, bis der erste Schnee fällt. Auch Marlene Dietrich hat ihren hier getrunken ebenso Thomas Bernhard und bis heute treffen sich im Bazar Künstler und Denker. Mit den Uhrzeiten und den Stammgästen wechseln auch die Stimmungen und so kann man von diesem Ort gar nicht genug bekommen.

27 Café Bazar Adresse: Schwarzstraße 3, 5020 Salzburg
Tel: 0043 (0)662 874278 Internet: www.cafe-bazar.at Öffnungszeiten:
Montag – Samstag 7.30 – 23.00 Uhr, Sonntag 9.00 – 18.00 Uhr

CAFE
Heute
Gemüsecrème-Suppe 4.00
Erdäpfel-Kürbis-auflauf mit Salat 7.90
BAZAR

Café Bazar

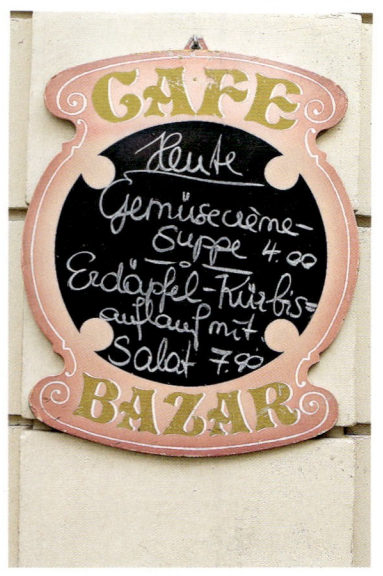

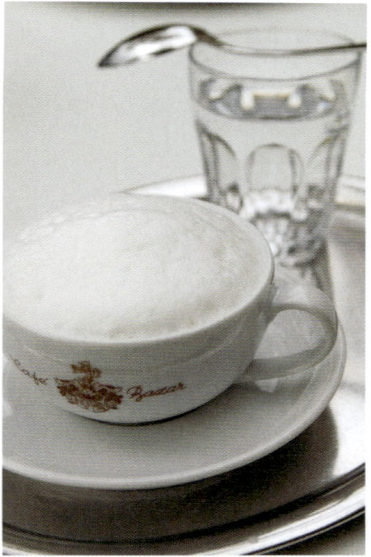

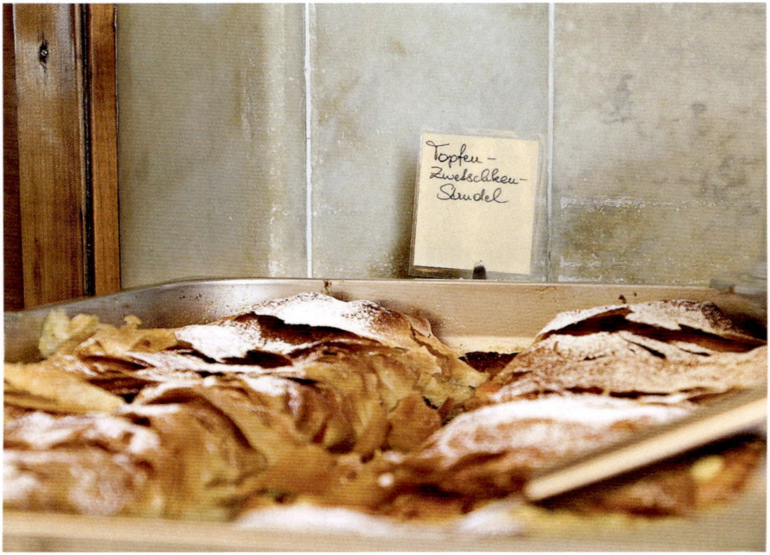
Topfen-
Zwetschken-
Strudel

👉 Café Tomaselli

Im ältesten Kaffeehaus Österreichs von 1705 werden die Mehlspeisen noch auf silbernen Tabletts und von Kuchenmädchen in weißen Schürzen direkt am Tisch serviert. Wenn Sie das Tomaselli in seiner Ursprünglichkeit erleben möchten, kommen Sie am besten gleich morgens, wenn die Salzburger dort noch unter sich sind und das Kaffeehaus langsam erwacht. Vereinzelt sitzen Stammgäste an Marmortischen und rascheln mit den Zeitungen, die Kuchenmädchen füllen die Vitrinen und aus der Backstube weht ein süßer Duft durch die Räume. Unter den grün-weiß gestreiften Sonnenschirmen auf der Terasse im ersten Stock sitzt es sich besonders schön. Eine Oase direkt am geschäftigen Alten Markt.

Adresse: Alter Markt 9, 5020 Salzburg, Tel: 0043 (0)662 8444880
Internet: www.tomaselli.at, Öffnungszeiten: Täglich 7.00 – 21.00 Uhr,
in der Festspielzeit bis 24.00 Uhr, Hinweis: Kartenzahlung nicht möglich

KONDITOREI RATZKA

Was ist fesselnder? Der Ausblick von einem der wenigen Sitzplätze auf die Festung oder der Blick auf die gläserne Vitrine mit den bis zu 20 Tortenvariationen, die täglich frisch in der hauseigenen Backstube der Konditorei Ratzka entstehen? Wir sind froh über die Wartezeit am Ende einer Schlange, denn sie gibt uns Bedenkzeit für die Auswahl zwischen dem hochgelobten Marillenfleck oder den traumhaft aussehenden Pariser Creme-, Topfen-, Mohn-, Mandel-, Wachauer-, Ananas-Weißbier- und Weißmohn-Heidelbeertorten oder den verführerisch anmutenden Vogelbeer-Petit-Fours. Wir brauchen Hilfe! Der Kunde vor uns ist ein einheimischer Eingeweihter, selbstbekennender allwöchentlicher Wiederholungstäter und spricht uns wärmstens seine Empfehlung aus. Voll des Vertrauens bestellen wir den Marillenfleck. An einem der kleinen Tische mit altrosa Häkeldeckchen, farblich abgestimmt auf die Sitzpolster, an deren Stil der Zahn der Zeit spurlos vorbeigegangen zu sein scheint, nehmen wir Platz. Dazu trinken wir eine ordentliche Tasse starken Kaffees und fühlen uns wie im siebten Kuchen-Café-Himmel. Beim Herausgehen klebt unser Blick wieder an den fruchtig bunten Botschaftern des kleinen liebenswürdigen Konditoren-Paradieses. Womit die erste Frage für uns beantwortet ist!

28 Konditorei Ratzka Adresse: Imbergstraße 45, 5020 Salzburg
Tel: 0043 (0)662 640024 Öffnungszeiten: Dienstag – Freitag
8.00 – 12.30 Uhr und 13.30 – 18.00 Uhr,
Samstag 8.00 – 12.30 Uhr und 13.30 – 17.00 Uhr

RATZKA
SALZBURG
RATZKA
SALZBURG
Moccawind
100 g
€ 3,00

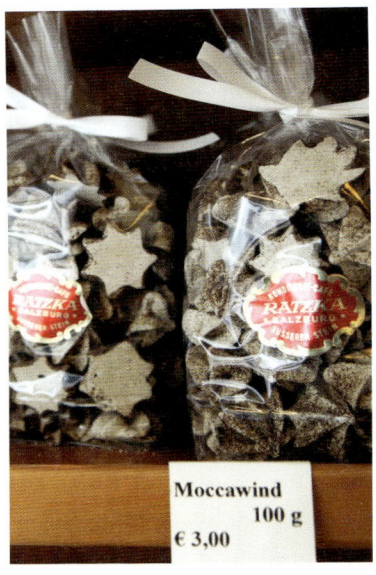

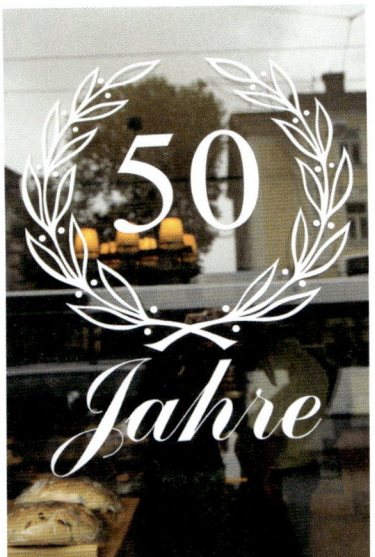

50
Jahre

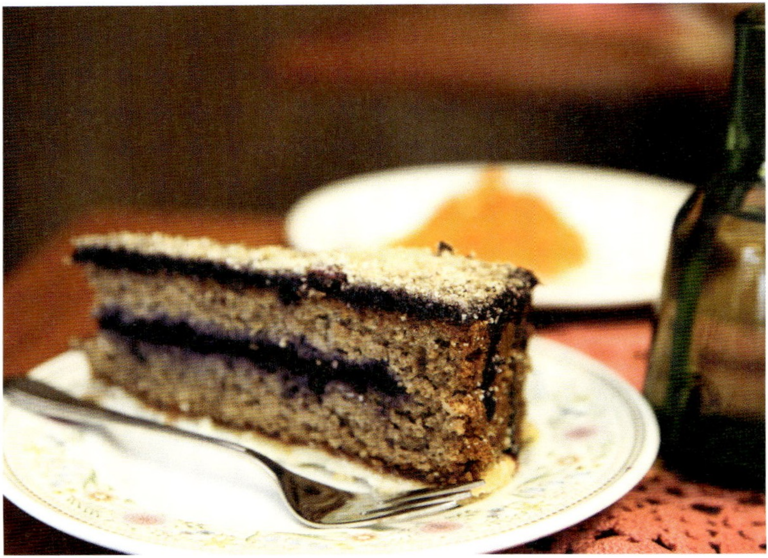

Ein Gespräch mit Heidi Ratzka

Inhaberin der Konditorei Ratzka

Ihr Vater wurde von Feinschmecker-Papst Wolfgang Siebeck zum „Kaiser der Konditoren" ernannt, laut Gault Millau sind Sie eine der landesbesten Konditoreien. Wie haben Sie das geschafft?

Meine Schwester Birgit und ich haben die Konditorei meines Vaters mit seinem Qualitätsanspruch und vielen seiner Grundsätze übernommen.

Könnten Sie uns dafür ein paar Beispiele nennen?

(lacht, als würde das einen Tag lang dauern) Wir verwenden immer Saisonfrisches; aus dem Obst fertigen wir unsere Marmeladen für die Backwaren; den Blätterteig stellen wir nur mit echter Butter her; unser Käsegebäck immer nach einem ganz bestimmten alten Rezept; Cremeschnitten gibt es nur samstags und über allem steht eine Grundsatz-Regel: „Zucker ist nur als Gewürz zu verwenden!"

Ist das auch die Erfolgsregel?

Eine bestimmt, denn es gibt Kunden, die gar nicht gern Süßes essen, nur hier bei uns. Das freut uns natürlich.

Was schätzen Sie an Ihrem Beruf?

(muss keine Sekunde überlegen) Man arbeitet mit schönen Dingen, die das Leben versüßen und den Menschen Genuss bereiten.

Und was mögen Sie als Tätigkeit besonders?

Abgesehen von den großen Ereignissen, wie Taufen, Hochzeiten, Jubiläen etc., ist es immer wieder die Arbeit mit den frischen Früchten (gerät ins Schwärmen) – ich liebe einfach die samtweichen Aprikosen! Schon allein sie anzufassen!

☞ Café Konditorei Fürst

Sie lieben Mozartkugeln? Das Original bekommen Sie in der Brodgasse 13. In
fünfter Generation wird die echte Kugel täglich frisch und an einem Stab hergestellt. Sie hat keinen Boden und schmeckt mit ihrer Mischung aus zart schmel-
zendem Nougat, dem Pistazien-Marzipan-Kern und ihrer dunklen Umhüllung
mit kreolischer Schokolade einzigartig verführerisch. Paul Fürst hat sie 1884
als Hommage an den großen Sohn Salzburgs erfunden – und bis heute ist die
Praline das beliebteste süße Mitbringsel aus der Landeshauptstadt.

Adresse: Alter Markt/Brodgasse 13, 5020 Salzburg
Tel: 0043 (0)662 8437590, Internet: www.original-mozartkugel.com
Öffnungszeiten: Montag – Samstag 8.00 – 20.00 Uhr, Sonntag 9.00 – 20.00 Uhr,
im Sommer bis 21.00 Uhr und während der Festspiele bis 22.00 Uhr

FRIDRICH

GASTLOKAL FRIDRICH

Es gibt Menschen, die man sich als lebenslange Gefährten wünscht. Manchmal gilt das auch für Bars. Das Fridrich verströmt so ein geballtes Lieblingsort-Aroma. Eigentlich war die Absicht, den Abend „nur" mit dem legendären Aperitif „1986" einzuläuten und schwups war die Nacht um. Das liegt vor allem an den charmanten Gastgebern Bernd Friedrich und Ferdinand Hodits. Sie verwöhnen ihre Gäste mit österreichischen Weinen kleiner Winzer, die Friedrich alle persönlich kennt. Dazu genießt man kleine Snacks, wie Krautfleckerl „Tante Jolesch", heiße steirische Maroni oder das „Von allem", eine Variation aus Salami, Schinken und Salzburger Grana. Weltklassemusik aus der hauseigenen Plattensammlung, die immer auf die jeweilige Stimmung, die Uhrzeit und natürlich auf die Gäste abgestimmt wird, ertönt als wahres Geschenk! Die liebevoll abgegriffenen Plattencover versprühen einen gewissen, für die Generation iTunes vermeintlich prähistorischen Charme und sind Zeugen vieler langer und inspirierender Nächte. Das ehemalige Knopferl-Geschäft hat einen feinen Charakter und eigentlich möchte man überhaupt nicht mehr weg. Das ist im Sommer nicht anders, wenn Tische in der schmalen Steingasse lauschige Logenplätze bieten, um in die Salzburger Leichtigkeit des Seins einzutauchen. Für immer Fridrich! In kalten wie in warmen Zeiten.

29 Gastlokal Fridrich Adresse: Steingasse 15, 5020 Salzburg
Tel: 0043 (0)662 876218 Internet: www.gastlokal-fridrich.at
Öffnungszeiten: Donnerstag – Dienstag ab 18.00 Uhr, während der Festspielzeit täglich geöffnet

ZWEIGELT ROSÉ 3.-
HIEBL
BLAUFRÄNKISCH 6.-
2005 'RESERVE'
KRUTZLER

GRÜNMARKT

Der Charme des Grünmarktes nimmt einen sofort gefangen, die Farbigkeit des geschmackvoll präsentierten Obstes und Gemüses, die offensichtliche Frische der regionalen Produkte, wie im Juli zum Beispiel die orangefarbenen Mirabellen und die gelben Pfifferlinge. Sinnlich berührt taumelt man durch die schöne Altstadt an den extrem attraktiven Waren entlang, wozu auch Fleisch, Fisch und Brot zählen, und wundert sich plötzlich über sich selbst, weil man am frühen Morgen einem kleinen Probiergläschen selbst gemachten Eierlikörs von Wachteleiern nicht widerstehen kann. Am Samstagvormittag trifft sich „tout Salzburg" hier, darunter Politiker, Künstler und Damen der feinen Gesellschaft, die auch gern mal nur ihr neues Jägerleinen-Kostüm von Lanz zu Markte tragen. Eine kleine Entdeckung ist der Stand von Christian Müller mit hausgemachten Marillenmarmeladen und Hollerblütenkracherln aus dem heimischen Garten oder Itzlingers Bäckerstand, an dem es von der Handsemmel bis zum Kamutbrot alles in Bio-Qualität gibt.
Nach dem Marktbesuch trifft sich der Salzburger an einem der Würstelstände am oberen Marktende und genießt eine Frankfurter mit frisch gerissenem Kren (Meerrettich). Beliebt sind auch die Hagenauer Stuben mitten im Markt, von denen aus man das lebendige Treiben mit Blick auf die Kollegienkirche wunderbar beobachten kann.

30 Grünmarkt Adresse: Universitätsplatz, 5020 Salzburg
Öffnungszeiten: Montag – Freitag 7.00 – 19.00 Uhr,
Samstag 6.00 – 15.00 Uhr

☞ Salzburger Schranne

Ein traditioneller Wochenmarkt, auf dem es unter anderem das mehrfach ausgezeichnete steirische Kürbiskernöl vom sogenannten „Kürbiskernölbaron" Man-
fred Theißl gibt. Jeden Donnerstag errichten Bauern und Händler aus der Region
ihre Stände auf dem Mirabellplatz. Hier finden Sie alles, was die Saison hergibt,
von frischen Eierschwammerln aus den Bergen, fangfrischen Fischen, alten
Obstsorten, heimischen Alpkäsen, Fleisch, Wurst und Speck bis hin zu Kräutern,
Schnittblumen, Salben und Korbwaren. In Richtung Schrannengasse konzentrieren sich die besonders kleinen und spezialisierten Stände in Bio-Qualität. Gegen
Mittag brummt es am Backhendlstand an der Andräkirche.

Adresse: Mirabellplatz und Schrannengasse, 5020 Salzburg
Internet: www.salzburgerschranne.at
Öffnungszeiten: Donnerstag 5.00 – 13.00 Uhr

SMART TRAVELLING

Das Salzburger Land ist groß, darum ist dieser Infoteil so klein. Hier erfahren Sie nicht alles und jedes, sondern genau das, was Sie für eine perfekte Woche brauchen. Wenige, aber genau die richtigen Informationen: Wissenswertes über die Lebensart im Salzburger Land, eine kleine subjektive Auswahl an Sehenswürdigkeiten, Spaziergängen und Tipps für Unternehmungen. Dazu eine Karte mit all unseren Lieblingsadressen, damit Sie nicht lange suchen müssen, sondern gleich anfangen können, das Salzburger Land zu genießen.

ARCHITEKTUR UND INNENARCHITEKTUR

Architektur ist wie fast alles andere, das von Menschenhand Gestalt annimmt, eine Geschmacksache. Altbauten haben es da generell durch sämtliche Zielgruppen hinweg leichter, bewundert zu werden, schon allein wegen der aufwendigen Bauweise und der hochwertigen Materialien – so, wie im barocken, gut erhaltenen und denkmalgepflegten Salzburg. Haben Sie schon einmal Amerikaner durch die Mozartstadt schlendern sehen? Man könnte annehmen, sie seien auf dem Weg zum Kieferorthopäden, so weit klaffen ihre staunenden Münder auseinander. Ähnlich ging es uns beim Anblick der mondänen Grandhotel-Architektur in Bad Gastein, prächtige Belle-Époque-Bauten, deren zarte Pastell-Fassaden so gut zu der alpinen Kulisse passen, als hätte der Schöpfer die pudrigen Farbtöne persönlich gemischt. Im totalen Kontrast dazu steht die äußerst coole Ufo-Seventies-Bauweise Garstenauers, die jetzt noch genau so modern daherkommt wie zu Bauzeiten. Was ja auch schon eine gewisse Kunst ist. Die wildromantische Alm- und Hütten-Architektur mit ihrer massiven Holzbauweise spricht offenbar eher den fühlenden Urmenschen in uns an als den beurteilenden Großstädter. Urgemütliche Atmosphäre verströmend, kann man sich hier herrlich entspannen, das gilt für die Terrassen mit atemberaubenden Aussichten ebenso wie

für die Einkehr in den All-in-Holz-Stuben am knisternden Kaminfeuer. Wirklich neu ist im Salzburger Land eine Design-Bewegung junger Hoteliers, die zu einer Renaissance der alten Traditionsorte führt – und zwar durch moderne, extrem lässige und geschmackvolle Innenarchitektur.

Das Motto lautet: schlichtes Design statt folkloristischer Laubsägearbeiten, starke, mutige Farben, Kunst, nicht Kitsch, Großstadtflair anstatt Spießerlook. Geweihe schmücken zwar immer noch als Trophäen die Hotelwände, aber manchmal sind sie bunt eingefärbt oder tragen witzige Strickverkleidungen.

Dementsprechend hat sich auch das Publikum verändert: Lebewesen, die uns mit Altherrennamen wie Paul, Hermann und Willi begegneten, waren ein verschmuster Dalmatiner, ein äußerst attraktiver Mops und ein rheumatischer Rauhaardackel.

SALZBURG UND DIE FESTSPIELE

Mit Hugo von Hofmannsthals „Jedermann" wurden am 22. August 1920 die ersten Salzburger Festspiele eröffnet. Max Reinhardt war so beeindruckt von der Theatralik des Domplatzes, dass er das Spiel vom Sterben

des reichen Mannes unbedingt auch dort aufführen wollte. Seither zählen die „Jedermann"-Aufführungen unter freiem Himmel, mit Starbesetzung, in der Kulisse der barocken Altstadt zu den Höhepunkten der Festspielsaison. Leider sind sie meistens ausverkauft. Ein Versuch lohnt sich jedoch, spontan letzte Stehkarten zu bekommen, um die einmalige Festspielatmosphäre von Weltklasse zu schnuppern. Das hochkarätige Angebot aus Oper, Schauspiel und Konzert ist ebenso breit angelegt wie das Programm: von Mozart bis zur Moderne, von der klassischen Deutung bis zum Avantgarde-Experiment, von Hofmannsthals „Jedermann" bis zu Tschaikowskis „Eugen Onegin".

In Salzburg öffnen sich das ganze Jahr über die Bühnenvorhänge: für die Sommerfestspiele, die Osterfestspiele, die Pfingstfestspiele und die Mozartwochen.

Von Mitte Juli bis Ende August spielt die Mozartstadt Weltstadt, die Salzburger fliehen und durch die Gassen schiebt sich ein internationales, illustres Publikum.

Kartenbüro Salzburger Festspiele
Tel: 0043 (0)662 8045500
www.salzburgerfestspiele.at

Triangel

Franz Gensbichlers Triangel gilt als Kantine der Festspiele, weil nach den Vorstellungen dort Anna Netrebko, Rolando Villazón oder Klaus Maria Brandauer mal ohne Applaus sie selbst sein und speisen dürfen.

Im Sommer sitzt man draußen auf grünen Bierbänken herrlich unprätentiös vor dem Großen Festspielhaus bei Roastbeef mit Sauce tartare Kartoffelchips knabbernd.

Wiener-Philharmoniker-Gasse 7
5020 Salzburg
Tel: 0043 (0)662 842229
www.triangel-salzburg.at
Montag – Samstag 11.00 – 24.00 Uhr

MUSEEN UND GALERIEN

MdM SALZBURG
Museum der Moderne

Museum der Moderne

Gleich zwei Häuser gehören zu Salzburgs wichtigstem Museum. Das Rupertinum, 1633 im wunderbar frühbarocken Stil und mitten in die Altstadt gebaut, und das Museum auf dem Mönchsberg, von wo aus man genau auf diese herunterschaut. Neben der Sammlung mit Klimt und Kirchner, viel Klassischer Moderne,

österreichischer Fotografie und Dokumenten des Wiener Aktionismus, sind in beiden Museen wechselnde Sonderausstellungen zu sehen.
Am schnellsten gelangt man zum Museum der Moderne mit dem Mönchsbergaufzug. Neben der Kunst können Sie dort noch den wunderschönen Ausblick genießen – und das Café und Restaurant M32.

Wiener-Philharmoniker-Gasse 9
bzw. Mönchsberg 32
5020 Salzburg
Tel: 0043 (0)662 842220403 oder
842220451
www.museumdermoderne.at
Dienstag – Sonntag 10.00 – 18.00 Uhr,
Mittwoch bis 20.00 Uhr, Montag
geschlossen

Residenzgalerie
Die Residenzgalerie ist im dritten Stock der ehemaligen Repräsentanz der Salzburger Fürsterzbischöfe untergebracht. In den Prunkräumen wird eine ebenso prachtvolle Sammlung gezeigt, zu der Meisterwerke europäischer Maler des 16. bis 19. Jahrhunderts gehören. Unter ihnen Rembrandt, Peter Paul Rubens und die österreichischen Porträtmeister Ferdinand Georg Waldmüller und Friedrich Ritter von Amerling.

Zusätzlich werden Sonderausstellungen präsentiert.

Residenzplatz 1, 5010 Salzburg
Tel: 0043 (0)662 8404510
www.residenzgalerie.at
Dienstag – Sonntag 10.00 – 17.00 Uhr

Artmosphere Rudolf Budja Galerie
Pop Art vom Feinsten – und junge Wilde von Rang und Namen. In den schönen Räumen unweit des Festspielhauses in der Wiener-Philharmoniker-Gasse kann man auf zwei Etagen Werke von Andy Warhol, David LaChapelle, Damien Hirst und chinesischen Shooting-Stars wie Zeng Chuanxing bestaunen. Während der Festspiele ein Hotspot.

Palais Küenburg
Wiener-Philharmoniker-Gasse 3
5020 Salzburg
Tel: 0043 (0)662 846483
www.artmosphere.at

Dienstag – Freitag 11.00 – 18.00 Uhr,
Samstag 10.00 – 13.00 Uhr

Ropac

Die Galerie in Salzburg! Auf den Messen in Miami Beach, Basel oder London sieht man Thaddaeus Ropac mit Fürstengattinen und Hollywoodstars im Arm. Sie alle gehören zu seiner Klientel, der er Moderne der ersten Liga bietet – von Kunststars wie Anselm Kiefer, Sylvie Fleury, Francesco Clemente oder Georg Baselitz. 1983 gegründet, gehört Ropac zu den ältesten Galerien in Salzburg und residiert in der prächtigen Villa Kast am Mirabellplatz.

Mirabellplatz 2, 5020 Salzburg
Tel: 0043 (0)662 881393
www.ropac.net

Dienstag – Freitag 10.00 – 18.00 Uhr,
Samstag 10.00 – 14.00 Uhr

Galerie Nicolaus Ruzicska

Top-Galerie, die in Salzburgs Kunstszene seit 2004 etabliert ist. Nikolaus Ruzicska, der 13 Jahre mit Thaddaeus Ropac zusammengearbeitet hat, mixt große Namen wie Imi Knoebel mit aufstrebendem Nachwuchs wie Edgar Bryan und Ruth Root. Seine Galerieräume sind in einem ehemaligen Landwirtschaftsgebäude samt Garten gelegen und nicht weit vom Zentrum entfernt.

Faistauergasse 12, 5020 Salzburg
Tel: 0043 (0)662 630360
www.ruzicska.com
Dienstag – Freitag 10.00 – 18.00 Uhr,
Samstag 12.00 – 14.00 Uhr

KUNSTSPAZIERGANG

Seit 2002 lädt die Salzburg Foundation alljährlich einen international renommierten Künstler ein, eine Arbeit im öffentlichen Raum zu realisieren. Ein wunderbar moderner Kontrast zur barocken Tradition der Stadt und ein work in progress, der mittlerweile auf acht hochkarätige Kunstwerke angewachsen ist. Am schönsten ist es, sie sich bei einem Spaziergang anzuschauen.

Am besten starten Sie an der Staatsbrücke mit „Spirit of Mozart" (2004) von Marina Abramovic. Mit ihrer Installation hat die Künstlerin Salzburgs großem Sohn ein Denkmal gesetzt: Acht Stühle laden dabei zum Zwischenstopp ein, ein neunter, mit

15 Metern Höhe unerreichbar, ist für den Geist Mozarts reserviert.

Danach geht es zum Dom, in dessen alter Krypta Christian Boltanski seine Installation „Vanitas" (2009) präsentiert, in der er den Todesengel als Sinnbild der verrinnenden Zeit zeigt.

Rechts vom Dom auf dem Kapitelplatz kommen Sie dann an Stefan Balkenhohls Skulpturen „Sphaera" und „Frau im Fels" (2007) vorbei: Diesmal hat er eine seiner Männerfiguren, wie immer in schwarzer Hose und weißem Hemd, auf einer riesigen Goldkugel platziert, das weibliche Pendant trägt ein rotes Kleid und ist in der Felswand des Toscaninihofs untergebracht.

Weiter geht es Richtung Festspielhaus, wo Anselm Kiefer 2002 im Furtwängler Park sein mit Bleiregalen und einem Bild ausgestattetes Kunst-Haus „A.E.I.O.U." errichtet hat.

Von hier aus folgen Sie der Gstättengasse zum Ursulinenplatz – und kommen zu einer Arbeit, die für hitzige Diskussionen sorgte: Markus Lüpertz' androgyne Figur, die er als eine „Hommage à Mozart" (2005) versteht.

Jetzt nehmen Sie den MdM-Lift zum Mönchsberg, auf dem James Turrell im 2006 erbauten „Sky-Space" den Himmel zu einem Teil seiner Kunst

machte und Mario Merz neonblau leuchtende „Ziffern im Wald" (2003) in der für ihn typischen Igluform installierte.

Zum Abschluss können Sie auf dem Makartplatz Tony Craggs Bronzeplastik „Caldera" (2008) besteigen, die er als „energiegeladene, mentale Landschaft" versteht, die dem vom Verkehr umtosten Platz seine „emotionalen Vibrationen" wiedergibt.

Öffentliche Führung: jeden 1. Samstag im Monat 10.00 – 12.00 Uhr, nur mit Voranmeldung
Tel: 0043 (0)650 2753550
www.salzburgfoundation.at

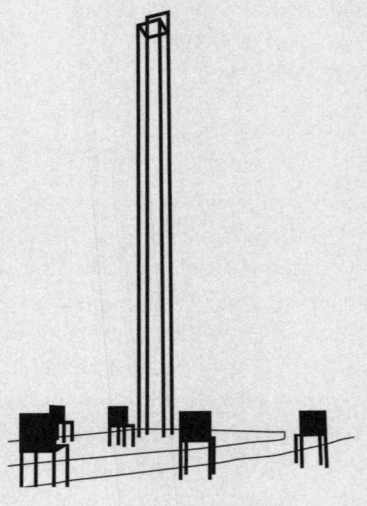

KUNSTRESIDENZ

Inspiration in Bad Gastein hat Tradition: Franz Schubert, Arthur Schopenhauer, Thomas Mann und Gustav Klimt schöpften hier schon kreative Kräfte. Die Initiatoren und Macher der Sommerfrischekunst fühlen sich diesem Erbe verpflichtet. Sie holen junge renommierte Gegenwartskünstler, verleihen Stipendien, veranstalten im Rahmen des „Summer Jazz in the City" tolle Konzerte, illuminieren während des Lichtfestivals „Shining" Bad Gastein mit bunten Lichtinstallationen und veranstalten Theateraufführungen auf hohem Niveau. Die dazugehörige Kunstresidenz ist ein Ort für junge gelebte Kunst, deren Besucher vom Geist der Kunst profitieren und nicht nur ihr Ergebnis passiv konsumieren sollen. Eine großartige Bewegung für ein Erholungsgebiet und jenseits sommerlicher Töpfer- und Batikkurse auf Kreta. Versprochen!

www.sommerfrischekunst.com

SEENPARADIES

Raten Sie mal, wie viele Seen es im Salzburger Land gibt? Sie kommen nicht darauf! Es sind sechshundertacht. Wir stellen Ihnen unsere sieben Favoriten kurz vor:

Der smaragdgrün schimmernde Fuschlsee mit dem kleinen Hintersee wirkt ebenso majestätisch wie die zwangsläufige Assoziation mit der jungen Elisabeth von Österreich. Hier und nur hier konnte Sissi sich vom stressigen Kaiserin-Sein erholen. Einen Steinwurf von Salzburg entfernt schmückt er sich mit prächtigster Landschaft vor hügeligem Alpenvorland. Diese wunderschöne Naturlandschaft eignet sich für romantische Spaziergänge und die Einkehr in der Schlossfischerei, um fangfrischen Saibling zu genießen. Der nördlich gelegene Attersee, an der Grenze des Salzkammergutes, ist bis zu 171 Meter tief und hat extrem steil abfallende Ufer, das macht ihn besonders für Taucher attraktiv. Im Lungau, der südlichsten Region des Salzburger Landes, liegt der nur zehn Meter tiefe Prebersee, ein idyllischer Moorsee, der umgeben ist von seltenen Pflanzenarten. Am Wolfgangsee gefällt uns am besten der historische Rückblick, denn an ihm haben uns inzwischen zu viele „Tourismuszähne" genagt. Sein Ruhm begann um 1900, als wohlhabende Seeufer-Villenbesitzer, ausgestattet mit eigenen Tennisplätzen und Bootshäusern, eleganten Segelsport betrieben. Unvergesslich die schönen Wasserski-Szenarien, die sich hier tatsächlich und in dem Film „Zum weißen Rössl am Wolfgangsee" abspielten. Das gleichnamige Hotel gibt es immer noch, wenn Sie einen gewissen Hang zum Kitsch haben, lohnt ein nostalgischer Rückblick durchaus. Am Mondsee wird es mystisch und magisch. 5000 Jahre alt ist die Geschichte des Mondseelandes, das auch für seine Kraftquellen bekannt ist. Neben dem großen Wassersport- und natürlich Naturerlebnisangebot am Mondsee, kommen uns ganz besonders die angenehmen

Seetemperaturen von bis zu 28 Grad entgegen. Der langgestreckte Zeller See am Rande des Nationalparks Hohe Tauern ist zu allen Jahreszeiten der sportlichste unter den Seen. Seine Längsseiten zieren Schmittenhöhe im Westen und Hundstein im Osten – diese riesigen Berge gehören zu den Salzburger Schieferalpen. Um alle Eindrücke ringsherum in sich aufzunehmen, raten wir zu einer Runde mit dem Fahrrad um den Zeller See. Die schaffen Sie in vier Stunden, im Sommer lässt sich eine Tour prima mit einem Besuch im Strandbad kombinieren.

SCHLÖSSER UND PARKS

Lustschloss Hellbrunn

Der schönste Weg, um zum Lustschloss samt grandioser Parkanlage und den berühmten Wasserspielen zu gelangen, führt über die Hellbrunner Allee. Nur 20 Fahrradmi-

nuten von der Salzburger Altstadt entfernt liegt dieser bezaubernde Ort und bietet barocke Entspannung. Wo vor 400 Jahren die feine Gesellschaft allerhand Tiere jagte und sich vergnügte, lassen heute die Salzbur-

---

ger Städter die Seele baumeln – beim Picknicken auf einer der weitläufigen Wiesen oder beim Flanieren entlang der alten Kastanienallee. Wer sich sportlich betätigen möchte, kann in Hellbrunn joggen und im Winter sogar skilanglaufen. Ein lohnender Abstecher führt ins Steintheater, eine der ältesten Naturbühnen nördlich der Alpen.

Verpassen Sie am Haupteingang nicht den „Sound of Music"-Pavillion aus dem berühmten Film. Dort begegnen sich Liesl und Franz zum ersten Mal ...

Fürstenweg 37, 5020 Salzburg
Tel: 0043 (0)662 8203720
www.hellbrunn.at
Öffnungszeiten Park:
November – Februar 6.30 – 17.00 Uhr,
März und Oktober 6.30 – 18.00 Uhr,
April – September 6.00 – 21.00 Uhr

Für ausgesprochene Schloss-Fans sind Besuche folgender Schlösser lohnend:

- Schloss Mirabell, Salzburg
- Schloss Anif, Anif
- Renaissanceschloss Rosenberg, Zell am See
- Schloss Goldegg mit Heimatmuseum, Goldegg
- das zum Hotel umgebaute Schloss Fuschl am Fuschlsee

BEST-OF DELIS

Mozartkugel – vergessen Sie alle Mozartkugeln, die Sie bisher gegessen haben. Das Salzburger Original ist einfach die beste.

Café Konditorei Fürst
(Siehe S. 199)

Mehlspeisen – Die Schatz Konditorei hat die besten Mehlspeisen in der Salzburger Altstadt – vom Nussstangerl über die Cremeschnitte bis zum Indianer mit Schlag. Schon frühmorgens weht der herrlich süße Duft aus der Backstube im ersten Stock durch das Durchhaus. Betritt man das kleine Café, ist man sofort von seiner Biedermeier-Atmosphäre ergriffen und kann sich beim Anblick der Köstlichkeiten gar nicht entscheiden. Es könnte durchaus passieren, dass Sie ein gütiger, älterer Herr zu einer Mehlspeise einlädt.

Schatz Konditorei
Getreidegasse 3a, 5020 Salzburg
Tel: 0043 (0)662 842792
www.schatz-konditorei.at
Montag – Freitag 8.30 – 18.30 Uhr,
Samstag 8.00 – 17.00 Uhr

Bauernkrapfen – bei Heidi Söllner gibt es die besten Bauernkrapfen, die jeden Tag ab mittags frisch gemacht werden.

Untere Astenalm
(Siehe S. 118)

Cremeschnitte – Bertl macht die besten Cremeschnitten weit über Bad Gastein hinaus, mit Johannisbeerblätterteig und seit 30 Jahren nach Geheimrezept.

Café Gamskar
(Siehe S. 102)

Marillenfleck – es könnte sein, dass Sie die Bezeichnung Aprikosen-Kuchen nach dem Genuss aus Ihrem Wörterbuch streichen und ab jetzt nur noch Marillenfleck sagen. Besser als bei der Familie Ratzka geht es nicht!

Konditorei Ratzka
(Siehe S. 192)

Tafelspitz – vom Pinzgauer Naturrind im Suppentopf, mit Apfelkren, Schnittlauchsauce und gerösteten Erdäpfeln und mit einmal Nachschlag!

Gasthof Schloss Aigen
(Siehe S. 14)

Backhendl – der Klassiker in der Blauen Gans, goldbraun, knusprig und wunderbar zart.

Blaue Gans Restaurant
(Siehe S. 164)

Schnitzel – Das Fleisch ist zart, die Schnitzel groß, innen saftig und außen knusprig, köstlich im Geschmack – hier weiß man seit Generationen, wie man Gäste mit einem ordentlichen Stück Fleisch glücklich machen kann.

Steinerwirt
(Siehe S. 132)

Spinatknödel – Mögen Sie es nicht, wenn Ihre Begleitung von Ihrem Teller probiert? Bei diesen Spinatknö-deln werden Sie es hassen. Sie schmecken einfach zu gut!

Der Seehof in Goldegg
(Siehe S. 48)

DELI - SHOPPING

Feinkost Kölbl
Der Deli-Laden ist eine Institution auf der rechten Salzachseite und bekannt für das ofenfrische Roastbeef, die hausgemachten Pasteten, Terrinen, Salate – und das köstliche Tagesgericht, das die Stammgäste, die sich mittags an den Stehtischen einfinden, schätzen. Dann ist das Geschäft proppevoll und die Stimmung bei einem Plausch mit dem Nachbarn oder Herrn Kölbl bestens. Er ist immer auf der Suche nach den besten Produkten aus Österreich und Italien, deren Produzenten er alle persönlich kennt. Allein die Semmeln und das Brot kommen von vier verschiedenen einheimischen Bäckern.

Theatergasse 2, 5020 Salzburg
Tel: 0043 (0)662 872423
www.feinkost-koelbl.at
Montag – Freitag 8.30 – 18.00 Uhr,
Samstag 8.30 – 12.00 Uhr

Reichl
Hier gibt es alles, was das Feinschmeckerherz begehrt und was saisonal angesagt ist, von heimischem Käse, italienischem Prosciutto, geräuchertem Saibling vom Attersee, piemontesischen Trüffeln bis zu belgischer Schokolade und hausgemachten Marmeladen.
Selbst hergestellt und täglich frisch sind auch die beliebten süßen und salzigen Blätterteigtaschen und die Ravioli. Im Sommer kann man die feinen Speisen oder auch nur einen Kaffee an den Stehtischen in der Gasse einnehmen.

Wiener-Philharmoniker-Gasse 3
5020 Salzburg
Tel: 0043 (0)662 842753
www.feinkost-reichl.at
Dienstag – Freitag 8.30 – 18.30 Uhr,
Samstag 7.30 – 17.00 Uhr

Alte Greißlerei

Wenn Sie fangfrischen Fisch aus dem Wolfgangsee probieren möchten, empfehlen wir einen Blick auf das aktuelle wie originelle Wochen-Programm der Alten Greißlerei. Das mit Liebe zu nostalgischem Detail ausgestatte Ladenlokal (mit einer fetten Prise Ironie), bietet dies gelegentlich an Freitagen an. Hier bekommen Sie aber auch gute regionale Produkte, wie z.B. Kürbiskernöl oder Frisches aus der Umgebung wie Käse und Aufschnitt. Nicht nur der Blick auf die geschmackvoll arrangierten Fünfzigerjahre-Küchenuhren vermittelt hier den Eindruck ein Zeitreisender zu sein.

Au 27, 5360 Sankt Wolfgang
Tel: 0043 (0)664 2010799
www.altegreisslerei.at

SHOPPING

Salzburger Altstadt

Lust auf einen stilvollen Einkaufsbummel? In Salzburg konzentrieren sich schöne kleine Geschäfte, die regelrecht Lust machen, hineinzugehen und mit großen Tüten wieder herauszukommen. Wie zum Beispiel in der weltberühmten Salzburger Getreidegasse mit ihren schmalen Häusern, verziert mit feinen Schildern. Dort reiht sich eine bunte Mischung aus Edelboutiquen wie Ennsmann, Tanja Gründling und Hämmerle an Salzburger Traditionsgeschäfte wie Dantendorfer und Kirchtag. Zwischen Spirituosen Sporer und dem Café Konditorei Fürst können Sie Mozarts Geburtshaus und heutiges Museum in der Nr. 9 besichtigen. Die Münzgasse verbindet den Bürgerspitalplatz mit der Griesgasse und wird auch „junge Meile" genannt. Auf gerade mal 100 Metern sind hier Designerläden und junge Mode vertreten. Schöne Antiquitäten finden Sie in der Goldgasse. Vom Kleinen Platzl bis zur Franz-Josef-Straße beleben Handwerksbetriebe, Modeläden, Metzgereien und Gasthöfe in dichter Nachbarschaft die Linzergasse. Im oberen Drittel liegt ziemlich versteckt der Sebastiansfriedhof, ein unfassbar schönes historisches Kleinod, das vor allem durch seine lichtdurchfluteten Arkadenbögen, die schmiedeeisernen Kreuze und die Gabrielskapelle beeindruckt.

Karl Reyer Sport & Mode

Huch, Sie haben Ihre Golfhose vergessen? Nicht geahnt, wie kühl es auch im Hochsommer auf den Bergen sein kann und hätten gern eine warme Fleece-Jacke, die nicht 08/15 aussieht? Ihre Wanderschuhe sind auch nicht mehr das, was sie mal waren? Die Jeans kneift? Und die Karten zu den Festspielen waren eine Überraschung? Sie brauchen etwas Schickes? Am liebsten noch eine kleine Ethno-Handtasche von Antik Batik? Haben aber keinen Lust auf einen Einkaufsmarathon? Kein Problem, bei Reyer, einem Traditionsunternehmen in dritter Generation, findet sich alles auf geschmackvollen 1500 qm unter einem Dach: egal, ob alte oder neue Kult-Lables wie Halston und Ugg, Big Names wie Stella McCartney und begehrte Newcomer. Die Auswahl ist wirklich klasse. Auch Männer bleiben hier bei Laune, das fängt schon beim Parkplatz an.

Weissgerberweg 2, 65400 Hallein
Tel: 0043 (0)6245 80281
www.reyer.cc
Montag – Freitag 9.00 – 18.30 Uhr,
Samstag 9.00 – 13.00 Uhr, erster
Samstag im Monat 9.00 – 16.00 Uhr

LÄDEN MIT TRADITION

Salzburger Heimatwerk

Untergebracht im historischen Gewölbe der Neuen Residenz ist das Salzburger Heimatwerk, dessen Stoffe und Drucke genauso für Tradition wie für Zeitgeist stehen. Freundliche Verkäuferinnen im hübschen Dirndl beraten gern, denn die Entscheidung bei der unglaublich großen Auswahl hochwertiger Trachtenstoffe, Tischwäsche und Dekostoffe fällt nicht leicht.

Residenzplatz 9, Unterm Glocken-
spiel, 5010 Salzburg
Tel: 0043 (0)662 844110
www.sbg.heimatwerk.at
Montag – Freitag 9.00 – 18.00 Uhr,
Samstag 9.00 – 17.00 Uhr

Lanz

Das Traditionshaus Lanz hat die bäu-
erliche Tracht salonfähig gemacht.
Seit Anfang der Zwanzigerjahre ist es
die erste Adresse für Trachtenmode in
Salzburg. Die Auswahl an Stoffen und
Drucken ist exklusiv und passend für
jede Gelegenheit – vom Ausflug aufs
Land bis zum Besuch der Festspiele.
In dem Atelier in der Imbergstraße,
dem ehemaligen Stammhaus, kann
man sich sein Dirndl oder seinen Jan-
ker auch heute noch maßschneidern
lassen.

Schwarzstraße 4, 5020 Salzburg
Tel: 0043 (0)662 874272
www.lanztrachten.at
Montag – Freitag 7.00 – 19.00 Uhr,
Samstag 6.00 – 15.00 Uhr

Alte fürsterzbischöfliche Hofapotheke

Betritt man die alte Hofapotheke am
Alten Markt, könnte man beim Anblick des original erhaltenen Interi-
eurs und der Apothekerdöschen mei-
nen, die Zeit sei stehen geblieben. Die
Beratung ist, wie man es in einem alten Fachgeschäft erhofft, kompetent
und freundlich. Neben den üblichen
Apothekenprodukten gibt es eine eigene Linie mit „Hausspezialitäten" –
von der Salzburger Haussalbe bis zum
beliebten Spanischen Kräutertee.

Alter Markt 6, 5020 Salzburg
Tel: 0043 (0)662 843623
Montag – Freitag 8.00 – 18.00 Uhr,
Samstag 8.00 – 12.00 Uhr

Kirchtag

Mit einem Schirm von Kirchtag
lässt sich der berühmte Salzburger
Schnürlregen ganz leicht ertragen.
In der Werkstatt in der Getreidegasse
werden seit über 100 Jahren Regen-
schirme handgefertigt – die Holzstö-
cke über Dampf gebogen, das Tuch
von Hand geschnitten und vernäht.
Auf Wunsch kann man sich seinen
ganz eigenen Kirchtag-Schirm anfer-
tigen lassen.

Die Schirmmanufaktur stellt auch Sonnenschirme her, wie zum Beispiel die grün-weiß gestreiften vom Café Tomaselli.

Getreidegasse 22, 5020 Salzburg
Tel: 0043 (0)662 841310
www.kirchtag.com
Montag – Freitag 9.00 – 18.00 Uhr,
Samstag 9.00 – 17.00 Uhr

Kunstgärtnerei Doll und
Concept Store Vis-à-Vis
Doll ist keine einfache Gärtnerei, sie ist ein Paradies für Blumen- und Pflanzenliebhaber. Die Glashäuser mit den englisch anmutenden grünen Trägern und dem nostalgischen Logo wecken Erinnerungen an die gute alte Gärtnerzeit. Von der geschäftigen Schnittblumentheke aus sollte man unbedingt auf eine Entdeckungsreise durch die Gärtnerei gehen, die auch Übertöpfe, Kerzen, Vasen und Vogelhäuser anbietet.

Gegenüber der Kunstgärtnerei Doll befindet sich der mini Concept Store Vis-à-Vis mit ausgesuchten Büchern und Coffeetable Books, kleinen Helfern, besonderen Geschenken und einer kleinen Bar, an der man sich bei einem Kaffee oder Wein von den schönen Produkten inspirieren lassen kann.

Nonnthaler Hauptstraße 79 und 108
5020 Salzburg
Tel: 0043 (0)662 8218290
www.doll-salzburg.at
Montag – Samstag 7.30 – 19.00 Uhr,
Sonntag 9.00 – 18.00 Uhr

AB IN DIE BERGE

Berge bieten zu allen Jahreszeiten unendliche Möglichkeiten, um sich in ihrer Nähe zu erholen, ob durch sportliche Aktivitäten oder kontemplative Aussichten. Sie strotzen vor Kraft und Schönheit. Ob man nun von oben in die Weite schweift, hinunter sieht oder von unten nach oben: Bergblicke lassen einen nicht unberührt. Vielleicht auch, weil sie gewissermaßen Zeugen für die Ewigkeit sind und schon existierten, bevor es Menschen gab, die ihre

Schönheit mit ihren Augen betrachten konnten. Zu Salzburgs prächtigen Hausbergen zählen der Untersberg, der Kapuziner Berg und der Mönchsberg.

Der Großvenediger im Pinzgau mit seinen über 3600 Metern Höhe ist der höchste im Salzburger Land.

DIE SCHÖNSTEN WANDERUNGEN

Talseite zu bewandern. Dort eröffnet sich ein schönes Bergpanorama mit zahlreichen Bächen, die aus den Bergen ins Tal hinunterfließen, und urigen Hütten wie der Pottinger Hütte oder Hagener Hütte, in der Sie sich zwischendurch stärken können.

Ca. 2 Stunden

Allein in Bad Gastein breiten sich 350 Kilometer markierte Wanderwege aus, auf denen Sie sich, vergnüglich in kristallklarer Luft traditionell wandernd, tief durchatmend, die Zeit vertreten können. Aber auch „neu-sportlich" geführte Mountainbiketouren oder herausforderndes Erklimmen beispielsweise des neuen Klettersteigs Mauskarspitze auf der Schlossalm in 2373 Meter Höhe ergänzen das Bergerlebnisangebot um seine weitläufige Wandergegend. Unsere Auswahl:

Prossautal
Ein wunderschöner Weg führt in eines der vier Seitentäler Gasteins, vorbei am Hoteldorf Grüner Baum bis zur Himmelwandhütte, in der Sie sich bei einem Schweinebratenbrot oder einem Heidelbeerstrudel stärken können, oder Sie wandern gleich weiter zum Alpengasthof Prossau und belohnen sich mit einer frisch gefangenen Bachforelle.

Ca. 2,5 Stunden

Sportgasteiner Alm
Vom Sportgasteiner Parkplatz kommend, ist es wunderbar die linke

Reedsee
Es ist die wohl schönste Stelle im

Gasteinertal, für die man die anspruchsvolle Wanderung gern in Kauf nimmt. Ein steiler Weg führt durch das Hoteldorf Grüner Baum in Richtung Prossau und vorbei an Latschenkiefern eröffnet sich auf über 1200 Höhenmetern ein traumhafter Blick auf den Reedsee.

Ca. 7 Stunden

Höhenweg nach Bad Hofgastein

Eine herrliche Wanderung mit idyllisch gelegenen Einkehrmöglichkeiten beginnt an der katholischen Kirche in Wasserfall-Nähe: Auf der Kaiser-Wilhelm-Promenade gelangt man ins Kötschachtal, dann über den Ardackerweg zum Café Gamskar. Unser Lieblingsort für eine Cremeschnitte. Ab da nimmt der Höhenweg nach Bad Hofgastein seinen Lauf. Am Westhang des Gamskarkogels bietet das Café Hubertus mit seiner Terrasse eine gute Alternative, um sich für den Weg durch die Remsacher und die Gadaunerer Schlucht bis Bad Hofgastein zu stärken.

Der Leonhardsweg

Man muss nicht immer nach Lourdes pilgern. Auf dem Leonhardsweg wandern Sie 130 Kilometer lang vom Dom der Salzburger Landeshauptstadt zur Wallfahrtskirche in Tamsweg im Lungau, zu einer der wirklich seltenen, rein gotischen Sakralbauten im Salzburger Land. Der Weg wechselt zwischen bequemen Pfaden und anspruchsvolleren Passagen mit An- und Abstiegen. Im Juli kann man sich einer geführten Pilgerwanderung anschließen. Auch per Fahrrad lässt es sich pilgern und dem Schutzpatron der Bauern, Schlosser, Schmiede und der Gefangenen, dem heiligen St. Leonhard, gedenken.

AKTIONEN AM BERG

Amoseralm

Was ist das beste Brot, dass Sie je gegessen haben? Sie erinnern sich nicht? Dann ab auf die Amoseralm! Der leichte Aufstieg dauert etwa eine halbe Stunde. Auf der Alm können Sie zusammen mit der Bäuerin den Teig kneten und nach Ihren Wünschen formen. Während er in einem Steinofen zu Brot wird, können Sie eine kleine Jause genießen oder süße kleine Tiere streicheln. Das extrem köstliche Bauernbrot wird mit selbst gemachtem Käse und Speck verzehrt und schmeckt unter freiem Himmel bei spektakulärer Aussicht natürlich unvergesslich! Ein tolles Erlebnis auch für Familien.

Unterberg 148
5632 Dorfgastein
Tel: 0043 (0)6433 7285

Kräuter und Yoga am Berg

Wenn Sie die wohltuende Wirkung des Yoga zu schätzen wissen, machen Sie sich auf eine Steigerung dieser Erfahrung im wahrsten Wortsinn gefasst. Bereichern Sie das Gefühl des Einklangs mit sich und Ihrem Körper um den Ausblick auf eine sagenhafte Alpenkulisse. Vom Gipfel aus geht es los, zunächst wandernd, mit Atemübungen, über einen wilden Barfußpfad zum romantisch gelegenen Gipfelsee unterhalb von Fulseck. Die Übungen sind leicht erlernbar, auch um sie zu Hause weiter zu praktizieren. Im Anschluss, wenn alle Sinne auf Achtsamkeit gepolt sind, können Sie unter Anleitung einer Kräuterpädagogin heimische wilde Bergkräuter suchen, sammeln und natürlich auch probieren, wie z.B. Johanniskraut oder Frauenmantel. Auf dem selbst gebackenen Brot und in den Aufstrichen entfaltet sich das besonders hohe Wirkstoff-Potential. Es gibt nur circa vier Termine im Jahr für dieses ganzheitliche und sinnliche Erlebnis, das an der Talstation der Gipfelbahn Fulseck startet, deshalb ist eine Anmeldung obligatorisch! Oder Sie bringen eine kleine Gruppe mit, dann gibt es auch Termine außer der Reihe.

Anke Kranabetter, Yoga und Pilates
Sülbachstraße 53, 5632 Dorfgastein
Tel: 0043 (0)6433 7319 oder 7428

SPIRITUELLES, KRAFTORTE & HEILENERGIE

Kraftorte sind energetische Knotenpunkte in der Landschaft mit unsichtbaren Kräften, die als Energielinien, Kraftpunkte und Erd-Chakren mit besonderem Kraftpotential ausgestattet sind. Dabei geht es um den Austausch zwischen Kräften aus der Erde und kosmischen Kräften, die in Form einer erhöhten energetischen Schwingung gemessen werden. Bereits Naturvölker haben mittels Intuition solche Stellen erspürt und sie als heilige Orte verehrt oder für den Bau sakraler Anlagen wie Tempel, Klöster und Kathedralen genutzt. Auch Christen erbauten ihre Kirchen häufig an Orten, die sich durch ein hohes Energiefeld auszeichnen. Stellen, an denen die Schwingungsfrequenz der Erde erhöht ist, erleichtern angeblich den Zugang zur Spiritualität, wie zum Beispiel in Lourdes. Aber auch Stonehenge in England, die Pyramiden von Gizeh in Ägypten oder die alten Maya-Tempelanlagen in Mexiko gelten weltweit als Orte der Kraft. Im gesamten Salzburger Land finden sich zahlreiche Kraftorte. Energetisch besonders interessante Punkte in der Stadtlandschaft von Salzburg sind zum Beispiel die Festung Hohensalzburg, der Mirabellgarten, das Stift Nonnberg, die Kirche in Mülln, die Salzach und der Salzburger Dom.

Wegweiser Gasteiner-Kraftorte

Das Gasteinertal wimmelt nur so vor Kraftorten: Die Steinskulpturen des Künstlers und Geomanten Peter F. Frank markieren die energetisch auffälligen Stellen. Die schlichten Skulpturen und ihre eingemeißelten Kosmogramme sollen dabei helfen, sich für die Kraft, die Schönheit und die Mystik der Steine und des Wassers zu sensibilisieren. Entlang der Gasteiner Ache scheinen sich die Kraftzentren als sieben Energiezentren förmlich aneinanderzureihen. Der Künstler setzt sie mit den Chakren des menschlichen Körpers gleich. Alle Orte sind gut zu Fuß oder mit dem Fahrrad zu erreichen und sind auch als Naturschauplätze bemerkenswert, wie das Nassfeld in der Nähe der Talstation oder der Schleierfall in Nassfeld hinter dem Kraftwerk. Die Evian Quelle charakterisiert Peter F. Frank analog der Chakrenlehre als Kehlkopf: Sie steht für Kommunikation und liegt direkt am Parkplatz in der Nähe der Ache, ein Weg führt vom Gasthaus direkt auf die Quelle zu. Im Quellpark am Fuße des Wasserfalls in Bad Gastein sitzt demnach das Herzchakra. Hier verbindet sich das Wasser vom Himmel und das Quellwasser aus der Erde, mythologisch als heilige Hochzeit bezeichnet. Eine Verschmelzung der Polarität zur Einheit symbolisiert sich in den beiden Steinen, die dort Rücken an Rücken platziert sind. Der Künstler rät, sich zwischen die Steine zu stellen und sich auf die Gefühle der heilenden Einheit zu konzentrieren, Liebe und Weisheit zu spüren. Alternativ empfehlen wir, auf der Bank Platz zu nehmen, die Wassertropfen auf der Haut zu genießen und die Gewalt des Wassers auf sich wirken zu lassen.

In Bad Hofgastein, im Kurpark in der Nähe der Alpentherme steht eine Skulptur, die den Solarplexus verkörpert. Vor dem Gemeindeamt am Dorfbrunnen in Dorfgastein entspringt eine Quelle, die das ganze Tal versorgt und für den Unterbauch und somit das Chakra für Lebensfreude und Lebenslust steht.

Die Gasteiner Klamm wird von zwei Steinen bewacht, die ein Tor bilden. Hier geht es um einen Übergang, um Kommen und Gehen. Bevor der Tunnel gebaut wurde, war die Stelle der Übergang ins Tal.

Felsentherme Gastein

Wenn Sie der Trubel und die Atmosphäre eines öffentlichen Schwimm- und Saunabetriebes nicht stört, hat die Felsentherme einiges zu bieten: Die Kombination aus großzügiger Architektur, dem imposanten Fels, der Kraft des Thermalwassers und dem Blick auf die alpine Märchenkulisse ist einzigartig. Besonders angenehm ist es, bei kühlen Außentemperaturen in das wohlig dampfende warme Thermalwasser einzutauchen und so die Urkraft der Natur und die Heilwirkung des Thermalwassers auf Körper und Seele zu spüren. Nach langen Wanderungen eine entspannende Wohltat in zentraler Lage: Ein Panoramaübergang von 150 Metern verbindet die Felsentherme mit dem Bahnhof Bad Gastein, der Stubnerkogel-Gondelbahn und dem Parkplatz.

Bahnhofplatz 5, 5640 Bad Gastein
Tel: 0043 (0)6434 22230
www.felsentherme.com
Täglich 9.00 – 21.00 Uhr

FELSEN THERME

Gasteiner Heilstollen

Eine Probefahrt mit der Bergbahn in den Gasteiner Radonstollen ist ein Erlebnis auf vielen Ebenen. Im Vordergrund steht natürlich die heilende Kraft des Radons, das besonders für Gelenkschmerzen und Asthma Linderung bringt.

Bitte melden Sie sich vorher telefonisch zu einer Probefahrt an. An der Rezeption des Gasteiner Heilstollens registrieren Sie sich. Danach werden Sie kurz von einem Arzt befragt. Dann ziehen Sie sich Ihren mitgebrachten Badeanzug an und den vor Ort zur Verfügung gestellten Bademantel und lauschen noch vor der Fahrt dem etwas zu langen Vortrag (40 min). Anschließend sitzen Sie gleich auch schon in der kleinen Bahn und die Fahrt in das Berginnere geht los.

Die Bergrunde dauert etwa 40 Minuten mit einer halben Stunde Pause, in der alle aussteigen, sich auf die schmalen Liegen legen und die warme, feuchte, radonhaltige Luft einatmen. Die Heilwirkung ist sofort spürbar und am liebsten würde man noch viel länger liegenbleiben. Der Prozess wird von Musik begleitet, die sicher auch noch anspruchsvoller sein könnte, aber der Radonstollen ist ja auch keine Fahrt für Individualisten, sondern für jeden, der eine Linderung seiner Schmerzen erfahren möchte. Für eine Therapie brauchen Sie natürlich mehrere Fahrten und einen Aufenthalt für mindestens fünf Tage.

Wer Klaustrophobie hat, könnte bei der Fahrt an seine Grenzen kommen. Allein die Vorstellung, dass über einem ein gewaltig hoher Berg thront, ist beeindruckend.

Heilstollenstrasse 19
5645 Böckstein, Bad Gastein
Tel: 0042 (0)6434 3753
www.gasteiner-heilstollen.com

Krimmler Wasserfall

Staunen garantiert! Der Krimmler Wasserfall ist ein Naturspektakel der Superlative:

Nicht nur, weil er mit 380 Metern Fallhöhe in drei Stufen der höchste Wasserfall Europas ist, sondern weil sich in der Mittagssonne ein prächtiger, riesengroßer Regenbogen in allen Spektralfarben über allem erhebt. Die Krimmler Ache wird von 12 Gletschern gespeist, 15 Minuten braucht man bis zum unteren Wasserfall auf 105 Metern.

Nach einer Stunde Fußwanderung erreichen Sie den mittleren Wasserfall mit 130 Metern und bereits nach einer weiteren Stunde haben Sie den oberen Wasserfall auf 145 Meter erklommen. Hier muss man auch kein Geomant sein, um die spektakuläre Energie zu erkennen. Hier vibriert der körpereigene Energie-Seismograph auf Hochtouren. Spektakulär!

Die Entrische Kirche

Nicht als heiliges Gebäude, sondern als Sehenswürdigkeit im Urzustand präsentiert sich diese Schauhöhle im Gasteinertal in 1040 Meter über Seehöhe oberhalb vom Ortsteil Klammstein. Die größte Naturhöhle der Salzburger Zentralalpen imponiert mit ihren großen Hallen, gigantischen Tropfsteinbildungen und bizarren Felsformen. Mutter Natur hat Millionen von Jahren daran gebaut. Wie genau durch die Kraft des Wassers nach den Eiszeiten diese unwirklich erscheinende Höhlenwelt entstand, kann man sich von staatlich geprüften Höhlenführern erklären lassen. Den Schauhöhlenteil – einen Ort der Kraft – muss man mit Führung buchen. Positive Erdstrahlen und Kraftfelder, angeblich stärker als in Lourdes, ziehen viele Besucher an, um Krankheiten und Beschwerden loszuwerden. Auch ein Verweilen im Kraftfeld anlässlich einer Sitzung oder Meditation ist nach Terminvereinbarung (mindestens drei Tage vorher) möglich. Bei permanenten sechs Grad ist es allerdings kühl, und dunkel ist es auch. Doch ein Besuch lohnt sich unbedingt: Ziehen Sie sich warm an, bringen Sie eine eigene Taschenlampe mit und lassen Sie sich von Optik und Wirkung bewegen. Beim Anblick der Madonna sind 50 Minuten um und Sie am Ende des Schauhöhlenteils angekommen.

Klammstein 30, Dorfgastein
April – Juni täglich außer Montag
und Samstag 12.00, 14.00 und
15.00 Uhr, Juli und August täglich
11.00, 12.00, 14.00, 15.00 und
16.00 Uhr, September täglich
außer Montag und Samstag
12.00 und 14.00 Uhr

HEALTH-SHOPPING

Gessenz

Dieses Reformhaus am Ortseingang von Bad Gastein setzt mit seinem Angebot allumfassend auf die Kraft der Natur: Das fängt bei einem frisch gepressten, köstlichen Saft an und hört bei einer Kartoffel-Handcreme mit Kaschmir-Hautgefühl auf. Der Inhaber gibt mit Engelsgeduld und Expertenwissen Auskunft über die Zusammensetzungen der hochwertigen Essenzen wie zum Beispiel aus Urkraft-Getreide und Aura-Düften mit ätherischen Ölen. Zur äußeren und inneren Anwendung gibt es hier unzählige Wohltäter wie beispielsweise mineralhaltige Moorbäder für die Badewanne, kalt gepresste Gemüsekonzentrate zum Ausgleich des Säure-Basen-Haushalts und angenehme Düfte, die das Wohlbefinden steigern. Beim Abschied mit einer prall gefüllten Tüte wünschte man sich, dieses Angebot zu Hause in seiner Nachbarschaft zu haben.

Kaiser-Franz-Josef-Straße 1
5640 Bad Gastein
Tel: 0043 (0)6434 21358
www.gessenz.at

Salzburg Salz
Dem weißen Gold wird eine reinigende und glückbringende Kraft zugeschrieben. Mit Brot verschenkt soll es ein neues Zuhause vor Mangel desselben und Unheil bewahren, es gilt zudem als Sinnbild für Treue und Ergebenheit – dass es vor Verwesung schützt, wussten schon die alten Ägypter. Die breite Angebotspalette beeindruckt, hier gibt es von der Sole-Zahnpasta bis zum dekorativen Salzstein, auf dem sich im Ofen appetitlich Fisch garen lässt, auch unzählige Salzsorten zum Würzen. Die einzigartige Atmosphäre wird durch eine große, von hinten beleuchtete Salzwand bestimmt, die in natürlichen orangefarbenen Tönen changiert. Durch sie wird die Raumluft mit negativen Ionen angereichert, ähnlich wie die Luft am Meer, in den Bergen oder an Wasserfällen. Man fühlt sich sofort angenehm belebt. Toll!

Wiener-Philharmoniker-Gasse 3
5020 Salzburg
Tel: 0043 (0)662 848079
www.salzburg-salz.at
Montag – Freitag 10.00 – 18.00 Uhr,
Samstag 10.00 – 17.00 Uhr

- -

FILMTIPP

- -

Meine Lieder – meine Träume
Regie: Robert Wise
Das Remake des Musicals „Sound of Music" „Meine Lieder – meine Träume" von Robert Wise von 1965 ist für die meisten Amerikaner der Haupt-

- -

grund Salzburg zu besuchen. In der berühmten Verfilmung passt die schlagfertige Novizin Maria (Julie Andrews) auf die Kinderschar des grantigen Baron von Trapp (Christopher Plummer) auf und verliebt sich nach und nach in den Von und Zu. Bis heute prägt der Film, der im Salzburg des Jahres 1938 spielt und auf wahren Begebenheiten beruht, das Bild Österreichs. Die Originalschauplätze erkennen Sie untrüglich an den Fans, die sich dort in Gruppen fotografieren lassen. Aber Sie können auch unterschiedlichste „Sound of Music"-Touren buchen und sich beeindrucken lassen: zum einen von der Kraft, die die Familie Trapp trotz schwerster Schicksalsschläge aus ihrem Zusammenhalt und ihrem Glauben schöpfte, bis zum wahren, filmreifen Happy-End, aber auch immer und überall von den Postkarten-Kulissen des Salzburger Landes. Zu den attraktiven Drehorten gehören: Schloss Mirabell, Kloster Nonnberg, Felsenreitschule, Salzburger Residenz, Schloss Hellbrunn, Schloss Leopoldskron, Untersberg und Orte des Salzkammergutes.

BUCHTIPP

Der Keller
von Thomas Bernhard

„Der Keller" ist eines der fünf Bücher des großen österreichischen Schriftstellers, die er seine Autobiografie nennt. Darin beschreibt Bernhard (1931 – 1989) eindrucksvoll, wie er sich 1946 als Sechzehnjähriger vom Gymnasium lossagte und 1947 einen Job in einem Lebensmittelgeschäft in der Salzburger Scherzhauserfeldsiedlung annahm. In dem Wohnghetto und umgeben von Besitzlosen und Ausgestoßenen fühlt sich sein Leben erstmals nicht sinnlos an.

PERSÖNLICHKEITEN

Thomas Bernhard (1931 – 1989)

Auch wenn Thomas Bernhard am 9. Februar 1931 in den Niederlanden geboren wurde, einen Teil seiner Kindheit in einem Heim für schwer Erziehbare in Thüringen verbrachte und zeitlebens in seiner Heimat als Nestbeschmutzer galt, ist er zugleich das moderne Literatur-Aushänge-schild Österreichs. Mit sechzehn Jahren brach Thomas Bernhard die Schule ab, für ihn eine „Geistesver-nichtungsanstalt", und begann eine Lehre bei dem Lebensmittelhändler Karl Podlaha (1947). Nach seinem Studium am Mozarteum in Salz-burg für Gesang, Dramaturgie und Schauspielkunst erschien sein erster Gedichtband „Auf der Erde und in der Hölle". Für seinen Debütroman „Frost" (1963) erhielt Thomas Bern-hard 1965 den Literaturpreis der Frei-en Hansestadt Bremen. Im selben Jahr zog er sich auf einen Gutshof in Gmunden bei Ohlsdorf (Oberöster-reich) zurück, wo er seitdem überwie-gend lebte. Zwischendurch bereiste er die Welt. Am Meer fühlte sich der wortgewaltige Thomas Bernhard am wohlsten, auch weil er sich durch die fremden Sprachen nicht von der Ba-nalität der Aussagen gestört fühlte. Seine Romane, Erzählungen und The-aterstücke handeln überwiegend von der Einsamkeit des Menschen, der Ab-surdität der Welt und seiner Kritik an Österreichs Gesellschaft. Ihn interes-sierte nicht das Schöne, sondern das Unsichtbare, das, was sich im Innern der Menschen tragisch bewegt. Sei-ne Protagonisten sind Einzelgänger wie er selbst, Außenseiter – oftmals

Künstler und ihre verzweifelte Art, mit Hoffnung und Hoffnungslosig-keit umzugehen. Am 12. Februar 1989 starb Bernhard infolge einer Lungen-infektion in Gmunden. Seit 1990 ist sein unverändertes Privathaus eine öffentliche Gedenkstätte.

Obernathal 2, 4964 Ohlsdorf
Tel: 0043 (0)7612 47013
(Bernhard-Haus)
Tel: 0043 (0)7612 47181
(Verwaltung des Hauses)
www.thomasbernhard.at

Gerhard Garstenauer (*1925)

Gerhard Garstenauer ist nicht nur einer der bekanntesten österreichi-schen Architekten, sondern auch ein Visionär. Mit dem Gebäude des Kongresszentrums (1970 – 1974) im mondänen Kurort Bad Gastein und mit der Errichtung des Solarbads in Dorfgastein verlieh er dem Gastei-nertal ein völlig neues, ultra-modernes Profil. 1975 erhielt er für das Kongresshaus den erstmals verliehenen Salzburger Architekturpreis. Doch schon zuvor, in den Sechzigerjahren, gelang ihm mit dem damals spektakulären Bau des Bad Gasteiner Felsenbads eine moderne Kombination aus Felssteinen, Beton und Glas. Es gab aber auch eine Periode, in der er sich, vor allem in Salzburg, auf das Bauen in historischer Umgebung konzentrierte, wie zum Beispiel bei der Neugestaltung des Rupertinums 1978 und der Umgestaltung des Toskanatraktes für die Rechtswissenschaftliche Fakultät der Universität Salzburg. Der markante und vielseitige Architekt studierte in Wien. Als selbstständiger Architekt begann er sein Schaffen 1954 in Salzburg. Mehr als zehn Jahre später promovierte er und lehrte als Gastprofessor an der Universität Innsbruck. 1980 habilitierte er sich an der TU Graz und gab von 1983 bis 1984 auch Vorlesungen am Historischen Institut der Universität Salzburg.

Herbert von Karajan (1908 – 1989)

„Wer all seine Ziele erreicht, hat sie wahrscheinlich zu niedrig gewählt", meinte Herbert von Karajan und wurde einer der bedeutendsten Dirigenten des 20. Jahrhunderts. Er war Chefdirigent der Berliner Philharmoniker, künstlerischer Leiter der Wiener Staatsoper und der Salzburger Festspiele, gründete die Salzburger Osterfestspiele und spielte insgesamt 700 klassische Werke von über 130 Komponisten ein. Auf die Frage eines Taxifahrers, wohin er denn wolle, antwortete Karajan: „Wohin Sie wollen, ich werde überall gebraucht."

MEINE PERFEKTE WOCHE

Montag:
_____
_____
_____

Dienstag:
_____
_____
_____

Mittwoch:
_____
_____
_____

Donnerstag:
_____
_____
_____

Freitag:
_____
_____
_____

Samstag:
_____
_____
_____

Sonntag:
_____
_____
_____

NOTIZEN

NOTIZEN

NOTIZEN

LUST AUF DAS WELTWEIT BESTE?

Die Buchreihen „Ein perfektes Woche in ..." und „Eine perfekte Woche ..." werden vom Online-Cityguide www.smart-travelling.net herausgegeben. Hier finden Sie viele weitere ungewöhnliche Adressen für über 30 Städte und Regionen weltweit. Tipps für Hotels, Restaurants, Cafés, Shops und Aktivitäten – individuell und sorgfältig recherchiert. Denn Smart Travelling zeigt nicht alles und jedes, sondern sucht nach dem Authentischen und Besonderen, nach Orten, die das Flair einer Stadt oder Region ausmachen und uns immer wieder empfangen wie ein guter Freund. Schauen Sie vorbei unter www.smart-travelling.net: Klicken Sie sich durch unseren kulinarischen Best-of-Blog, buchen Sie Ihr Hotel bequem online, und freuen Sie sich mit unseren ausgesuchten Tipps von Antwerpen über Rom bis San Francisco auf Ihre nächste Reise.

Erfahren Sie das Neueste von Smart Travelling auf Facebook. Werden Sie jetzt Fan! facebook.com/smarttravelling

www.smart-travelling.net